スムール、ブルグル、キヌアとたっぷりの野菜を使った
食感が楽しい惣菜とサラダ

プチプチサラダ、つぶつぶタブレ
Salade Taboulé

上野万梨子

誠文堂新光社

パリで出合って40年……

シャンゼリゼ大通りの横道にあったモロッコ料理店で、クスクスという見知らない料理に出合ったのは、今から40年以上も前の留学時代のことでした。経験したことのないミステリアスなスパイスの香りが支配する薄暗い空間。その闇に色を添えるベルベル柄のクッション。低めのテーブルにはアラベスク模様が型押しされた真鍮の大盆が置かれて、それは闇夜を照らす満月のように光を放っていました。エスニック料理などまだ知らず、一途にフランス料理に憧れてパリにやって来たばかりの私は、アラビアンナイトってこんな感じかな？と、別世界に迷い込んだ気持ちだったことを覚えています。

そこで初めて知ったのがクスクス料理に添えるツブツブのスムールです。給仕人の掌にのせられた大皿に、円錐形に盛り上げられた熱々のスムール。そこにサービス用のスプーンを差し込むと、小山ははらりと崩れ、中からバターの香りの湯気があふれ出てきます。蒸気を含んでまるでスフレのようにふんわりと蒸し上げられた手作りのスムール。その高貴なまでのおいしさは忘れられません。

帰国して始めたフランス料理教室では、インスタントスムールが輸入されると早速取り寄せ、見よう見まねで作ったパリのクスクスを紹介。そして80年代半ば過ぎでしたか、都内のデパートのフランスフェアに出店したつかの間のカフェで、牛ひき肉となすのトマトソースにスムールを添えた「クスクス」をメニューにのせたところ、それが大好評に。そして歳月は流れ、パリのデパートで開催されたTOKYO展のカフェでは、フランス人の国民食とも言えるスムールのサラダ――タブレを和風味で紹介し、やがて昆布だしを使ったすし味のタブレが生まれることになります。

そんな長年のスムール好きがこうじて生まれたのが本書です。セモリナ粉からつくられるスムールはどんな国の風味も柔軟に受け入れてくれる楽しい素材です。これに味わい深い中近東生まれのひき割り麦――ブルグルや、スーパーフードとして近年注目のキヌアも加えて、朝食からお弁当、ランチ、さらっと軽くいきたい夕ごはんと、幅広く楽しんでいただけるツブツブ料理。世界の食文化の交差点――パリの暮らしから生まれたレシピの数々をお楽しみください。

上野万梨子

プチプチ
サラダ、
つぶつぶ
タブレ

目次

- 2　パリで出合って40年……
- 6　パリの総菜店の定番
　　スムール、ブルグル、キヌアで楽しむタブレ
- 8　レバノン風タブレ
- 9　モロッコ風タブレ
- 10　ブルグルとにんじんのタブレ
- 11　キヌアとグリーンレンズ豆、ほうれん草のタブレ
- 12　プチプチサラダ、つぶつぶタブレ
　　基本の3つの素材
- 14　スムール、ブルグル、キヌア 基本の下調理
- 16　クスクスに添える場合
　　和風味タブレの場合
　　保存方法

1 つぶつぶ素材でプチプチサラダ、「タブレ」を楽しむ

Semoule スムールで

- 18　かにとバナナのカリビアンタブレ
- 20　鶏のひき肉と甘唐辛子のタイ風味タブレ
- 22　プロヴァンス風アンチョビとドライトマトのタブレ
- 24　BLTタブレ
- 26　アボカドとえびのタブレ・メキシカン
- 28　りんごとセロリとくるみのタブレ
- 30　マラケシュ風オレンジのスイートタブレ

Boulghour ブルグルで

- 32　ザーツァイと豚ひき肉のホットタブレ
- 34　ギリシャ風タブレと焼きなすのマリネ
- 36　デーツとクコの実のタブレ・オリエンタル
- 38　揚げれんこんとざくろ風味のタブレ

Quinoa キヌアで

- 40　芽キャベツと緑の豆のホットタブレ
- 42　キャロットラペとシェーブルチーズのタブレ
- 44　ビーツとマッシュルームのタブレ
- 46　カリフラワーとズッキーニのタブレ
　　ウフ・マヨネーズ添え

Wa-fumi 和風味

- 48 スムールで　ちらしずし風タブレ
- 50 スムールで　から揚げ魚の和薬味タブレ
- 52 スムールで　えびのおぼろのせ、ゆず風味タブレ
- 54 ブルグルで　きんぴらのホットタブレとおろし大根
- 56 ブルグルで　わかめとツナの白みそマヨソース
- 58 スムールで　ひじきと大豆のタブレ
- 60 和風味で〆のつぶつぶ3品
- 62 キヌアとゆり根のお汁粉

タブレに 肉や魚介をプラスしてメインディッシュに

- 64 プロヴァンス風アンチョビとドライトマトのタブレ ＋
　　 いかのフリカッセ

　　 デーツとクコの実のタブレ・オリエンタル ＋
　　 仔羊のマリネソテー

- 65 芽キャベツと緑の豆のホットタブレ ＋
　　 鶏胸肉の甘酒マリネ焼き

　　 ひじきと大豆のタブレ＋焼き鶏

- 66 タブレの味つけ、その基本

2 つぶつぶ素材でおいしさアップ 惣菜アラカルト

スムールの作りおき4種

- 68 カレー味のスムール／トマト味のスムール
　　 りんご入りスムール／バジル味のスムール
- 70 トマト味のスムール ＋ オープンオムレツ
　　 トマト味のスムール ＋ うなぎの蒲焼き
- 71 カレー味のスムール ＋ 鶏のレモンマリネ焼き
　　 カレー味のスムール ＋ ココナッツミルクスープ
- 72 作りおきスムールでランチ
- 74 タブレでピクニック
- 76 つぶつぶ素材のおつまみでアペロ

à la carte

- 78 生ソーセージと野菜の煮込み クスクス風
- 80 玉ねぎとチコリ、キヌアのア・ラ・クレーム
- 82 焼きパプリカのマリネとキヌア
- 84 かじきのココナッツミルクカレー
　　 バニラ風味のスムール
- 86 たらとスムールのリゾット
　　 カリッと生ハム添え
- 88 あさりとブルグルのベルモット蒸し
- 90 ありあわせ野菜とかぼちゃのスープ
　　 ピリ辛ブルグル
- 92 スムールのプディング グレープフルーツ風味

本書の使い方

- ■計量の単位は1カップ＝200ml、大さじ1＝15ml、小さじ1＝5mlです。なお、ひとつまみは親指・人さし指・中指の3本の指先でつまんだ少量が目安です。
- ■火加減はガスコンロを基準にしています。加熱時間は目安です。素材の火の通り具合によって加減してください。
- ■オーブンの温度と焼き時間は目安です。お使いの機種によって加減してください。
- ■電子レンジは、500Wを用いています。加熱時間は目安です。お使いの機種によって加減してください。
- ■酒は飲用のものを、みりんは本みりんを用いています。
- ■塩は、フランス、ブルターニュの海の自然塩を使っています。日本の塩に比べて甘味のある塩なので、国産塩を使う場合には気持ち減らしてください。
- ■油と酢については、66ページをご参照ください。
- ■洋風だしは、「チキンストック」を用いています。固形や粉末のチキンコンソメを使う場合は、商品の表示よりも量を少し控えてお使いください。
- ■レシピページにその料理についての小さなコラムを入れました。「Condiment」は調味料、「Epice」はスパイス、また「Saveur」は味わいにかかわる素材について、「Boisson」は飲み物について、「Memo」は作り方の補足と料理の周辺情報です。

Salade Taboulé à Paris

PARIS

パリの惣菜店の定番
スムール、ブルグル、キヌアで
楽しむタブレ

フランスで定着した
モロッコ風タブレ

タブレとは、硬質小麦の加工品であるスムールと、たっぷりのハーブや野菜を用いたサラダのこと。フランスで一般的なのがモロッコ風タブレ。つぶつぶした食感のスムールに、刻んだイタリアンパセリやミント、クミンなどのスパイス、小さくカットしたトマトなどを混ぜ、レモン汁、オリーブオイル、塩、こしょうで調味します。北アフリカからの移民が多いフランスで時を経て定着し、今や惣菜店の定番として親しまれています。

発祥の地はレバノン、
シリア。
中東風タブレ

タブレの起源は中東のレバノンやシリア。モロッコ風タブレとの違いは、スムールではなく、ひき割り麦のブルグルを使う点。そして、パセリやミントなど緑の葉類の分量がブルグルより多いのも、伝統的な中東風タブレの特徴です。レバノン料理店では、小皿料理のひとそろい「メゼ」が前菜でサービスされ、刻んだハーブが香るタブレはメゼの定番。ただし、この中東風タブレ、惣菜店に並ぶときはアレンジされてブルグルが主体となり、またブルグルの代わりに、スムールが用いられる場合もあります。

パリではカップ入りタブレが人気。上／ブルグルとグレープフルーツ、干しぶどうのタブレ。

上／スムールを使ったモロッコ風タブレ。
左／ミントなどハーブはタブレに欠かせない。

スムールって何？

スムールとは、マグレブ＊料理のクスクス（写真上）に添えるパスタの一種。デュラムセモリナ粉で作られた「世界一小さいパスタ」です。生スムールの作り方は、まずセモリナ粉を大きな円形盆に広げ、手で打ち水をし、掌に挟んですり合わせながら粉に水を含ませてふくらませた後に数分間蒸します。これを再び円形盆に広げ、打ち水、掌ですり合せ、蒸す。さらにもう一度盆に広げ、打ち水、掌ですり合わせ、蒸す。こうして計3回蒸して完成します。できあがりは、つぶつぶの間に蒸気が入ってふんわりとして本当に美味。これに肉や野菜を煮込んだサラッとしたスープをかける料理がクスクスです。このスムールにレモン果汁やオリーブオイル、スパイス、香草、トマトなどを加えるとタブレになります。

＊マグレブ：アラビア語でマシュリク（日の昇るところ、東方）に対して、日が沈むところ、西方の意。モロッコ、アルジェリア、チュニジアの北アフリカ三国をさす。

Salade Taboulé à Paris

Salade Taboulé

日常で楽しむタブレ

タブレはフランスの家庭でも手作りされてきました。特に夏のイメージが強いレシピのようで、理由は「火を使わなくていいから」でしょうか。インスタントスムールをお湯でふやかすだけで、ぱぱっと作れて人気。ほどよい酸味やたっぷり入ったハーブで、クールダウンできる点も夏向きといえそうです。ところが最近は、テイクアウトのタブレをあちこちで見かけます。素材もスムール一辺倒ではなく、ひき割り麦のブルグルや、スーパーフードとして注目のキヌアもまたスムールと共通したそのプチプチした食感から、フランス人には親しみのあるタブレという呼び名でスーパーの惣菜コーナーに並びます。カップにパックされてずらりと並ぶその様子は、日本のコンビニ弁当の売り場のよう。しかもコーナーが年々充実し、ビオマークの付いたタブレも人気。空港などのサラダビュッフェにタブレも並ぶなど、カフェやカジュアルなレストランでは、タブレが料理に添えられている例も多いのです。

クスクスの混乱！
料理名か素材名か？

現在は、スムールを乾燥パスタのように工場生産し、加熱加工したインスタントスムールが売られ、使う率の高い料理名「クスクス」という商品名で流通されています。本来は、蒸したスムールにスープをかける料理を「クスクス」というので、料理名と素材名が混乱していますが、一切お構いなしです。逆にいえば、スムールを使った「クスクス」がそれだけフランス人になじみの国民食となっているということかもしれません。インスタントスムールは一般的には500g単位で袋や箱詰めで売られており、日本にもさまざまなメーカーのものが輸入されています。原産国はモロッコ、チュニジア、フランス、イタリアなどです。

写真上／タブレなどのカップサラダは実にバリエーション豊か。
写真右／フランスではタブレと野菜サラダがワンパックになって売られている。

Taboulé libanais
レバノン風タブレ

　中近東が起源のひき割り麦ブルグルのサラダ〝タブレ〟は、レバノンやシリアに古くから伝わる伝統料理です。レバノン料理のお楽しみといえば、野菜中心の何種類もの小皿料理が一度にサービスされる前菜、メゼ。ひよこ豆とタヒーニ（胡麻ペースト）のスプレッドや、なすのキャヴィアなどと並んで、メゼの定番中の定番がこのタブレ。ブルグルは加熱せず、水でふやかしてからオリーブオイルとレモン果汁をしみ込ませ、粗く刻んだパセリとミントにパラパラと混ぜて味つけします。ギリシャのフェタに似た塩水漬けのチーズといっしょに、ピタパンにはさんで食べるのはとてもおいしいものです。ただし、これはレストランでサービスされるレバノン風タブレ。パリのスーパーや総菜店に並ぶのは、ゆでたブルグルやスムールが主体で、パセリやミントの量はずっと少なくなります。こちらは前菜というよりはカジュアルなランチとしてサンドイッチ代わりに買ってゆく人が多いようです。

レシピ→P.94

Taboulé marocain
モロッコ風タブレ

　モロッコは中近東から見て一番西に位置するアラブ圏の国。中東が起源のタブレですが、モロッコ風タブレにはひき割り麦、ブルグルの代わりに、クスクスに添えることでよく知られるセモリナ粉を加工したスムールが使われます。サフランを加えた湯でふやかしたスムールにオリーブオイルやレモン果汁、クミンを加え、小さく切ったトマトときゅうり、刻んだパセリやミントを加えたものがベーシックなレシピです。好みでコリアンダー（パクチー）を刻んで加えたり、アルガンオイルをひと匙加えて風味を高めることもあります。モロッコからの移民が多いフランスではすっかり定着。街の惣菜店や朝市では量り売りされ、スーパーの棚にはプラスチックカップ入りが並び、もはやモロッコ風タブレはフランス人の国民食と言ってもよいくらいです。シンプルな料理だけに、質のよいオイル、よく熟したレモンの果汁、おいしい塩が味の決め手になります。

レシピ→ P.94

Taboulé à ma façon
ブルグルとにんじんのタブレ

モロッコ料理店でクスクスのサービスを待つ間、小鉢に入ったオリーブの実やひよこ豆と共にお決まりでサービスされるのがにんじんのおつまみです。小さなひと口大に切って蒸し、にんにく、クミン、コリアンダー、レモン果汁、オリーブオイルで味つけしてあり、これがあとを引くおいしさなのです。ロゼワインの一種、モロッコのヴァン・グリ(灰色のワイン)を飲みながら、ついつい楊枝の先が向いてしまうほど……。このモロッコ風にんじんにレーズンや松の実を加え、しょうがの絞り汁をきかせてタブレにしました。蒸し焼きしたにんじんは味わいが濃く、ブルグルらしいある種の雑味との相性は抜群です。雑味というとネガティブな印象ですが、これは調味する素材との相乗効果で旨味になるものです。オリーブオイルとレモン果汁、ドライフルーツと木の実、スパイスとハーブ。タブレをおいしく作る基本のすべてが詰まったこの料理は、肉も魚もチーズも使っていないのに、その味わいの深さに驚きが広がる一品です。

レシピ→ P.95

Taboulé à ma façon
キヌアとグリーンレンズ豆、ほうれん草のタブレ

　南米のスーパーフードとして近年話題のキヌアと、ツブツブ仲間のグリーンレンズ豆を使ったタブレです。このレシピの元になっているのは南西フランス、オーベルニュ地方の家庭料理。貧乏人のキャヴィアなどといってからかわれるレンズ豆ですが、小粒ながら味わいはとても豊かです。ベーコンと一緒に炒めたくるみと、刻んだ玉ねぎとともに、マスタードを効かせたビネグレットソースで味つけしています。キヌアともレンズ豆とも味の相性がよい、ほうれん草も加え、葉の元気のよさを生かしてこのように盛りつけてみました。ひと口にちぎって混ぜていただいてもよいでしょう。味つけにほんのひと匙加えたくるみ油が、ほうれん草にもよく合います。ところでパリでよく見かけるキヌアのタブレは、スプラウトと混ぜて軽く味つけしただけのシンプルなものが多いようです。スムールやブルグルは、それ自体を調味してタブレを作りますが、キヌアの場合はオイルもビネガーも控えめにして、キヌアそのものの風味を味わう食べ方もおすすめです。

レシピ→P.95

プチプチサラダ、つぶつぶタブレ
基本の3つの素材

Boulghour
ブルグル
レバノン、トルコなどで
主食として食べられてきた
ひき割り麦（硬質小麦）

Semoule
スムール
北アフリカのクスクス料理に
添える、世界でもっとも
小さいパスタ（硬質小麦）

Quinoa
キヌア
南米アンデス山脈の高地で
古来より食用に栽培されてきた
ヒユ科アカザ亜科アカザ属の植物

Semoule スムール

硬質小麦のセモリナ粉から手間をかけて手作りするのが生スムール。その代わりに広く消費されているのが、パスタでいえば乾麺にあたる箱詰め、袋詰めのスムールです。乾燥パスタとの違いは、生産過程ですでに加熱加工されているので、蒸したりゆでたりせずに、湯で数分間ふやかすだけでも食べられる点。本書で使っているのはこのインスタントスムールです。このスムールを添える代表的な料理がクスクスで、semoule de couscous（クスクスのスムール）、grains de couscous（クスクスの粒）、単に couscous とも呼ばれます。ただし、クスクスは料理名なので、本書では混同を避けるために"スムール"と表記しています。粒の大きさは中粒、小粒の二種類ありますが、日本に輸入されているほとんどは中粒で、タブレにはこちらを使います。小粒は甘いデザートタブレや焼き菓子にも使われ、またクスクス料理には繊細な小粒を好む人も多いようです。

左：クスクス 小粒 500g／原産国チュニジア。
中：クスクス 500g／原産国フランス。
右：全粒クスクス 500g／原産国アメリカ。

Boulghour ブルグル

ブルグルはレバノン、シリア、トルコなどの中近東諸国が起源のひき割り麦です。セモリナなどの硬質小麦のフスマを除いてからゆでる、あるいは蒸してシートに広げ、民家の屋根の上などで10日前後天日干し。それを細かくひき割り、酸化しないように乾燥した場所で保存したものです。ただこれは手作りの場合で、工場で量産されたものは日本でも入手できます。ひき割り麦と聞くと乾燥させた生麦を細かくしたものと誤解されがちですが、このようにすでに加熱処理されているので、伝統的なレバノン風タブレのように、水でもどしただけでも食べられます。粗粒、中粒、小粒があり、加工段階で若干フスマが残っているのでスムールにくらべて薄茶色をしています。もっと色の濃い全粒麦のブルグルや、ひき割っていない丸粒ブルグルもあります。タブレに限らずクスクスやカレーソースなどに添えて、スムールにはない"麦そのもの"の風味と食感を楽しみます。

左：ブルガー小麦 中びき 500g／原産国キプロス。
中：ブルガー小麦 粗びき「リセナ」500g／原産国キプロス。
右：丸粒ブルグル 500g／原産国トルコ。

Quinoa キヌア

近年世界中で話題の quinua キヌア（スペイン語）の語源はアンデスの言語で kinwa キーンワ。フランスでは英語の quinoa キノアで通っています。原産地ペルーの言語、ケチュア語で chisaya mama「すべての穀物の母」と言われるスーパーフードで、グルテンフリー。植物繊維、マグネシウム、リン、鉄分が豊富なアマランサスとは近縁にあたるもの。消化吸収しやすくプロテインが豊富で、肉に代わる食物としても注目されています。こう書くと健康食品であることは伝わりますが、毎日食べても飽きない心地よいおいしさにも注目していただきたい、直径2ミリばかりの、小粒ながら大きな魅力を秘めたものなのです。スムールやブルグルは他の食材を加えてタブレにしたり、ソースをかけていただきますが、キヌアは下調理しただけでくるみやヘーゼルナッツの風味がし、それに好みのオイルを軽くたらすだけでも豊かな味わいが楽しめるのが特徴です。

左：有機キヌア 500g／原産国ペルー。
右：ビオ レッドキヌア 500g／原産国ボリビア。

スムール、ブルグル、キヌア
基本の下調理

スムール、ブルグル、キヌアは、
調理前に炊く、またはゆでて下調理をします。

ここで紹介しているのは、スタンダードな下調理の方法。
本書レシピに記載している
「下調理したスムール」、
「下調理したブルグル」、
「下調理したキヌア」は、
この基本的な下調理を行った状態のものです。

＊各素材、50gの下調理を記載しています。
＊分量の表記は各素材50gですが、工程写真は100gで作っています。
＊塩はP.5 本書の使い方を参照ください。
＊下調理は、すべて14〜16cmの鍋を使用してください。適切なサイズがない場合は、「その他の調理法」を参照してください。
＊ブルグル、キヌアを少量（50g以下）下調理する場合は、「その他の調理法」を参照してください。
＊スムールをクスクスに添える場合、または和風味タブレの場合は、ボウルで蒸らしてから蒸し器で蒸します（P.16参照）。

＊ブルグルとキヌアは、3合炊き炊飯器＊の「白米炊きモード」で炊くこともできます。
50gの場合
・水の量 … ブルグル：125ml
　　　　　　キヌア：140ml
100gの場合
・水の量 … ブルグル：250ml
　　　　　　キヌア：280ml
100g以上はふたの裏側がベタついて、あとで手入れを要します。「早炊きモード」にすると、強火になるからか、炊飯器のふたの裏側にツブツブが飛び散り、よごれますので注意してください。
＊5合炊きは不可

スムール

スムールは鍋に沸かした熱湯で下調理を行います。ふやかすとカサが増し、50gは約130gになります。鍋は14〜16cmを使用してください。

[材料]
インスタントスムール … 50g　　水 … 80ml
オイル … 小さじ1　　塩 … 小さじ1/4

1 鍋に水を入れて火にかけ、オイルを加える。

2 鍋に塩を加え、沸騰させる。

3 スムールを振り入れたら、直ちに火を止める。

4 スムールが水分を吸い始めるまで、数回ヘラで混ぜる。

5 ふたをしてそのまま5分おいて蒸らす。
＊鍋はコンロから外さず、余熱を保ったままで蒸らす。

6 鍋底から大きく混ぜて、パラパラにほぐす。

Memo
少量の場合はボウルを使って
ボウルにスムール、塩、オイルを入れ、熱湯を注ぐ。スムールが水分を吸い始めるまで数回ヘラで混ぜ、ラップをかけて5分蒸らす。このとき、よく混ぜずにすぐラップをかけると、スムールが固まった状態でふやけるので注意。

ブルグル

ブルグルは炊いて下調理を行います。炊くとカサが増し、50gは約140gになります。鍋は14〜16cmを使用してください。

[材料]
ブルグル … 50g　　水 … 125ml　　塩 … 小さじ1/4

1 ブルグルは白米を研ぐように、粒をこすり合わせ、何度か水をかえて丁寧に洗い、目の細かいザルにあげて水をきる。

2 鍋に水と塩を入れて火にかける。

3 ブルグルを入れてざっと混ぜて均一にならす。

4 そのまま中火にかけひと煮立ちさせる。煮立つまではふたをしないで炊く。

5 沸騰したら、ふたをして弱火で13分炊き、火を止めてそのまま5分蒸らす。粗びきの場合は15分炊いて、5分蒸らす。

6 鍋底から大きく混ぜて、パラパラにほぐす。

Memo　その他の調理法

用途や好みで風味を軽く仕上げたい場合
ブルグルを洗ったあと、沸騰させた充分な量の湯で15秒ほど湯通しし、ザルにあげてさっと水洗いし、その後基本の下調理2〜と同じ手順で炊く。

適切なサイズの鍋がない場合、少量を下調理する場合
たっぷりの湯に軽く塩を加え、15分前後（粒の大きさによる）ゆで、大きめのザルに広げ、充分に水をきって使う。

キヌア

キヌアは炊いて下調理を行います。炊くとカサが増し、50gは約130gになります。鍋は14〜16cmを使用してください。

[材料]
キヌア … 50g　　水 … 150ml　　塩 … 小さじ1/4

1 キヌアは粒が細かいので、かなり目の細かい漉し器か、茶漉しを利用して、水で洗って水をきる。

2 鍋に水と塩を入れて火にかける。

3 キヌアを入れてざっと混ぜて均一にならす。

4 そのまま中火にかけひと煮立ちさせる。煮立つまではふたをしないで炊く。

5 煮立ったら、ふたをして弱火で15分炊いて、火を止めてそのまま10分蒸らす。

6 炊き上がると白いひげのような胚芽が見えている。鍋底から大きく混ぜてほぐす。

Memo　その他の調理法

用途や好みで風味を軽く仕上げたい場合、適切なサイズの鍋がない場合、少量を下調理する場合
水洗いを2回した後、鍋に沸かしたたっぷりの湯に軽く塩を加えて中火で15分ゆで、大きめのザルにしばらく広げ、充分に水をきって使う。保存が目的なら、基本の炊く下調理より、ゆでる方が料理を選ばない。フルーツサラダやお汁粉などにも利用できる。

クスクスに添える場合

タブレのように、スムール自体にオイルやビネガーで味つけし、他の素材を加える場合は、P.14の基本の下調理だけですみますが、クスクスに添えるなど、スムールに塩と油脂以外の味つけをしない場合は、ひと手間かけてふんわりと蒸し上げます。この場合、ボウルにスムール、塩、バター、好みや用途によってはオリーブオイルやココナッツオイルを入れて熱湯を注ぎ、ひと混ぜしたらラップをかけて5分蒸らします。これをヘラでほぐし、湯気の上がった蒸し器に移し（ザルに入れてもよい）、ペーパータオルを噛ませてふたをかけ、強火で4〜5分。これで口当たりのよいスムールになります。インスタントスムールは湯でふやかすだけでも食べられるとはいえ、そのままではボソボソした食感の上、熱々をサービスすることができません。せっかくの料理に添えるのにはこうして蒸して、モロッコ料理店のスムールに少しでも近づけましょう。

和風味タブレの場合

すし味など和風味のタブレは、スムールを熱したこぶだしで ふやかしてから蒸します。調理手順はクスクスに添えるスムールの場合と同じですが、ボウルに入れたスムールをふやかす際に加える油は、太白ごま油や米油が基本。蒸し上げたらスムールが熱々のうちにすし酢を混ぜて味つけします。ちらしずし風とはいえ、スムールは乾燥しやすいため、米油のように風味にクセのないオイルも加え混ぜます。サラサラよりしっとりしたスムールを好む場合は、熱した昆布だしをあとから足して調整します。このように水分を後足ししてもさしさわりないのが、スムールという素材の魅力。スムールにしょうゆ味の煮物などを加えるときには、昆布だしの代わりにかつおだしを使うことも。またすし酢の代わりにポン酢しょうゆや各種合わせ酢、柚子果汁も使います。

ボウルでふやかしたら蒸し器に移す。

強火で4〜5分蒸す。

こぶだしとすし酢。

かつおだしとポン酢じょうゆ。

保存方法

スムール、キヌア、ブルグルを保存する場合は、温かいうちに50g程度の小分けにし、空気を抜くようにしてラップで包み、キッチンペーパーで包んでから冷凍用保存袋に入れ、冷凍します。キッチンペーパーは冷凍庫内のにおいを含んだ湿気を吸い、スムールの風味を損なう霜がつくのも防いでくれます。解凍は電子レンジの500Wで2分が基準。もどしたあとのスムールが乾燥ぎみだったら、熱いうちに指先で水を何度かふりかけて混ぜ、ほどよく湿らせます。余らせて冷蔵庫で保存したタブレも、この調子で気楽に湿らせたり、味つけし直してお使いください。ごく少量のスムールでも、味つけをぐっと濃くすればサラダのトッピングとして使えます。

調理済みのスムールは冷凍保存できて重宝する。

1

つぶつぶ素材で プチプチサラダ、 「タブレ」を楽しむ

Semoule スムールで

スムールを使った代表的な料理、クスクスに並ぶもうひとつの人気料理といえば、この世界一小さなパスタで作るサラダ——タブレです。スムールは常備できるうえ、湯を沸かす以外は火を使わずに手早く作れるレシピが多く、味つけも自由がきくのが魅力です。

かにとバナナのカリビアンタブレ

フランス海外県のカリブ海の島々の料理からイメージして、青唐辛子のペーストを使って味つけしたタブレです。かにやバナナとピリ辛の相性は抜群。青唐辛子のペーストの代わりにはグリーンタバスコや、風味は変わりますがゆずこしょうを使ってもよいでしょう。ドリンクとしてスパイシーワインシロップを炭酸水で割って添えました。

材料 2人分
- スムール … 50g
- A
  - 水 … 80ml
  - 塩 … 小さじ1/3
  - オリーブオイル … 小さじ1と1/2
  - ライム果汁(またはレモン汁) … 大さじ1
  - 青唐辛子のペースト* … 小さじ1/8
  - はちみつ … 小さじ1と1/2
- B
  - 白ワインビネガー … 小さじ1と1/2
  - しょうがの絞り汁 … 小さじ1/2
  - オリーブオイル … 大さじ1
- 塩 … 少々

- かに脚肉 … 60g
- セロリ(茎とやわらかい葉) … 50g
- バナナ … 50g
- ライム果汁(またはレモン汁) … 少々
- マヨネーズ** … 大さじ2

*グリーンタバスコ、ゆずこしょうでも
**マヨネーズの作り方は→ P.46

作り方
1. **スムールの下調理**　小鍋にAを入れて火にかけ、煮立ったらスムールをふり入れて火を止めて混ぜ、ふたをして5分蒸らす。
2. ボウルに移してほぐし、Bを加えて混ぜ、塩で味をととのえる。
3. かに脚肉はほぐす。セロリの茎は筋をとって5mmの角切りにし、葉はちぎる。バナナはセロリよりひとまわり大きな角切りにしてライム果汁をまぶす。
4. 器2個の底に**2**の半量を分け入れ、マヨネーズをのせ、**3**と残りの**2**を重ねて盛りつける。

Boisson
スパイシーワインシロップ

白ワイン小1本(350ml)を鍋に入れて火にかけ、フランベしてアルコール分をとばし、煮つめて300mlにする。熱いうちにドライバレンシアオレンジ30g、しょうがのコンフィ15g、バニラ1本、カソナード(フランス製ブラウンシュガー)60g、クローブ4個、シナモンスティック1本を加え、冷めたら保存瓶に入れて1週間ほど冷蔵庫でねかせる。水か炭酸水で割って、好みでホワイトラムを加える。

Saveur

青唐辛子のペーストとライム

南仏コックノワール社の青唐辛子、ライム、ひまわり油、しょうがで作った激辛ペースト。旨味も豊かなので、極少量でビネグレットソースやマリネの風味を劇的に高めてくれる。えびなどの魚介や鶏肉のカレーの仕上げや、カレーに添えるバターライスを炊くときに加えるとよい。ライムとは好相性。

Semoule スムールで

鶏のひき肉と甘唐辛子のタイ風味タブレ

大きめの焼売ほどのサイズに揚げたライスペーパーのカップに、鶏のひき肉と野菜を甘ピリ辛く炒めて詰めたタイ料理があります。この料理は、その詰めもののイメージで作ったタブレ。ココナッツオイルがナンプラーの味つけのまとめ役になっています。みずみずしいレタスにのせて食べるので味つけは濃いめに。

材料 2人分

スムール … 50g

A
- 水 … 80ml
- ココナッツオイル … 小さじ1
- グリーンカレーペースト … 小さじ1/3

砂糖 … 12g

B
- レモン汁 … 大さじ1
- ナンプラー … 小さじ1

鶏ひき肉 (もも肉) … 50g

C
- ナンプラー … 小さじ1
- しょうゆ … 小さじ1/2
- 砂糖 … 小さじ1/2

ピーナッツオイル … 小さじ1
パクチーの茎 (刻む)* … 4本
甘赤唐辛子 … 小1本 (刻んで正味10g)
レタス … 適量

<トッピング>
- ピーナッツ (粗く刻む) … 大さじ2
- パクチーの葉 … 適量

＊きれいな根がついていたら、洗って刻み、鶏肉と一緒に炒める。

Saveur
パクチーとナンプラー
パクチーはフランス語でコリアンダー。ナンプラーは、タイの魚醤。パクチーが苦手ならスペアミントでも。

Boisson
すいかとカンパリのドリンク
ピリ辛のタブレと甘くて冷たいドリンクは好相性。すいかはよく冷やし、種を取り除き、ジューサーかハンディープロセッサーでジュースにする。1人分の目安は、すいかジュース180mlにカンパリ10ml、シロップはお好みで。

作り方

1. 鶏ひき肉は水小さじ2 (分量外) を加えてほぐし、Cを加えて混ぜる。フライパンにピーナッツオイルを熱し、パクチーの茎、甘赤唐辛子を入れて炒め、鶏ひき肉を加えて強火で炒め合わせる。
2. **スムールの下調理** 鍋にAを入れて火にかけ、煮立ったらスムールをふり入れて火を止めて混ぜ、ふたをして5分蒸らす。
3. 熱いうちにボウルに移して砂糖を加えて混ぜ、Bを加えて混ぜる。**1**の2/3量を加える。
4. 器にレタスの葉とともに**3**を盛り、上にピーナッツと残りの**1**を盛り、パクチーの葉を添える。

Semoule スムールで

プロヴァンス風 アンチョビと ドライトマトのタブレ

アンチョビとドライトマトの旨味と塩気が効いた、バジル風味のタブレです。フェンネルはプロヴァンスの生野菜サラダによく使われますが、新鮮なものを蒸し焼きにすると甘味がでて、生とは別のおいしさを発見するでしょう。最近は初夏から夏にかけて国産も出回り始めています。手に入らなければ、代わりにセロリを使っても。

材料 2人分

- スムール … 50g
- アンチョビのフィレ（刻む）… 大1枚
- セミドライトマト（細切り）… 8g
- A
  - 水 … 80ml
  - 塩 … 小さじ1/4
  - バジルペースト（市販品）… 小さじ2
  - オリーブオイル … 小さじ1
- フェンネル … 80g（小1/2個）
- オリーブオイル … 小さじ1と1/2
- 塩、砂糖 … 各少々
- B
  - レモン汁 … 小さじ2
  - 白ワインビネガー … 小さじ1と1/2
  - オリーブオイル … 大さじ1
- 種抜きグリーンオリーブ … 20g
- ルッコラ（ちぎる）… かるくひとつかみ

作り方

1. フェンネルは株をはがして縦に厚さ5mmに切る。フライパンにオリーブオイルを入れて火にかけ、フェンネルを炒め、塩と砂糖をふり、ふたをして5分ほど蒸し焼きにして中心までやわらかく火を通す。
2. **スムールの下調理** 鍋にAを入れて火にかけ、煮立ったらスムールをふり入れて火を止め、アンチョビ、セミドライトマトを加えて混ぜ、ふたをして5分蒸らす。
3. ボウルに移し、Bを加えて混ぜ、1、グリーンオリーブ、ルッコラを加えてあえる。

Memo

フェンネルは英語の名称。日本語ではウイキョウ（茴香）、フランス語ではフヌイユ、イタリア語ではフィノッキオといい、日本ではいろいろな名で知られている。

Saveur
バジル

＜バジルペーストを作る場合＞

バジルの葉は大きいもの8枚ほどを細かく刻んでから包丁でたたき、にんにく極少々（小指の先くらい）は包丁の腹でつぶして細かくたたく。小さな器に移し、塩少々加え、オリーブオイル小さじ1を加えてよく練り混ぜる。

Semoule スムールで

BLTタブレ

サンドイッチの定番、ベーコン・レタス・トマト。この王道の組み合わせで作る、シャキっとしたレタスとスムールの食感が魅力の、朝食向きのタブレです。ロメインレタスは内側の葉を使い、緑が濃い外側の葉はベーコンと一緒に蒸し煮にしてみましょう。

材料 2人分

- スムール … 30g
- A ┌ 塩 … 少々
　 └ オリーブオイル … 小さじ1/2
- 熱湯 … 50ml
- ロメインレタス（またはレタス）… 小4枚
- トマト … 80g
- ベーコン薄切り … 2枚
- マヨネーズ … 大さじ3

<ビネグレットソース>
- B ┌ 白ワインビネガー … 大さじ1/2
　 │ マスタード … 小さじ1/2
　 │ 塩 … 少々
　 └ はちみつ … 小さじ1/2
- グレープシードオイル（またはひまわり油）… 大さじ2

作り方

1 ボウルにBを入れてよく混ぜ合わせ、グレープシードオイルを加えて混ぜてビネグレットソースを作る。

2 **スムールの下調理** ボウルにスムールとAを入れて熱湯を注ぎ、ヘラで混ぜてふやかし、ラップをかけて5分おく。ほぐしてビネグレットソース大さじ1を加えて混ぜる。

3 ロメインレタスは手でちぎる。トマトは皮つきのまま小さな乱切りにし、ざっと種を取り除き、塩少々（分量外）をふる。ベーコンは食べやすい長さに切り、フライパンでカリッと焼き、ベーコンからにじみ出た脂は取りおく。

4 カップ2個の底にロメインレタス少量を入れ、3のベーコンの焼き脂少々をたらし、マヨネーズをのせる。2、トマト、残りのロメインレタス、焼きベーコンを適宜に重ねて盛り、残りのビネグレットソースをかける。

Memo

お弁当にもおすすめ。その場合、スイートコーンを加え、ゆで卵を添えてボリュームアップしても。

Saveur
ロメインレタス

ほのかな香りと、ほどよい苦みがあり、シャキ、パキッとした歯ごたえが魅力のロメインレタス。おろしたパルミジャーノやクルトンを散らしたシーザーサラダがおなじみ。

Semoule スムールで

アボカドとえびのタブレ・メキシカン

アボカドといえばメキシコ。メキシコ料理といえばトルティーヤチップスにつけて食べるワカモレ——アボカドとコリアンダー（パクチー）のペーストですが、これはそのワカモレ風味のタブレです。緑の唐辛子、ハラペーニョの辛さを効かせます。えびの代わりにかにやツナでも。

材料 2人分

スムール … 50g

A
- 水 … 80ml
- 塩 … 小さじ1/4
- マンゴージャム … 小さじ2
- オリーブオイル … 小さじ1
- コリアンダー（パクチー）の茎（みじん切り） … 大さじ2

レモン汁 … 小さじ2
ハラペーニョ（刻む）＊ … 大さじ1
オリーブオイル … 大さじ1

アボカド … 小1/2個
えび（生食用） … 4尾

B
- レモン汁 … 大さじ1
- 塩、白こしょう … 各少々

国産レモンの皮 … 小1/8個分

C
- 塩 … ふたつまみ
- オリーブオイル … 小さじ1

コリアンダー（パクチー）の葉 …… 適量

＊グリーンタバスコでもよい

作り方

1 えびは殻をむき、背を開いてワタを取り除く。Bをかけて2時間ほどマリネする。レモンの皮はワタ（白い部分）をつけて厚くむき、ごく薄切りにし、Cの塩をふって指先でもんでしんなりさせ、Cのオリーブオイルを加えて混ぜておく。

2 スムールの下調理　小鍋にAを入れて火にかけ、煮立ったらスムールをふり入れて火を止めて混ぜ、ふたをして5分蒸らす。ボウルに移してレモン汁、ハラペーニョ、オリーブオイルを加えて混ぜる。

3 アボカドは1cmほどの角切りにし、レモン汁少々（分量外）をまぶし、盛りつけ用に少量取りおいて、残りを**2**に加える。

4 皿に**3**を盛り、アボカドの皮を裏に返して**1**と取りおいたアボカドを盛り、コリアンダーの葉を添える。

Memo
アボカドの皮のボートの作り方
アボカドは、縦半分にぐるりと包丁を入れて2等分し、種のない方をさらに縦半分に切る。先が尖っているほうの皮を指でつまんではがし、静かに下方に向かって皮をはがす。そのまま、皮がひっくり返った状態ボート形）で皿に置く。変色を防ぐために、黒い皮の反対側にレモン汁をこすりつける。

Condiment
（手前から）グリーンタバスコ、ハラペーニョの塩水漬け、マンゴージャム
メキシコのワカモレには欠かせないハラペーニョ（緑唐辛子）。最近は日本のスーパーでも、フレッシュや瓶詰めのピクルスなどの加工品をときどき見かけるようになった。写真はハラペーニョの塩水漬けと、食卓でも使いやすいグリーンタバスコ。ピクルスは細かく切ってサラダに混ぜたり、から揚げ魚に添えるライムソースに玉ねぎのみじん切りとともに加えるとよい。

Semoule スムールで

Saveur
マスタードとはちみつ
りんごとレーズンの甘味にマスタードの辛味を効かせるのがこの料理のポイントで、甘味と辛味の組み合わせをまとめてくれるのがはちみつ。はちみつは、酸味が立つ料理には、効果的に使えて便利。マスタードにはちみつを加えるアイデアは、サンドイッチ作りにも生かせます。

りんごとセロリとくるみのタブレ

青りんごとセロリ、くるみ、レーズンを、マヨネーズソースであえたニューヨーク生まれのサラダにスムールを加えたタブレです。青りんごが手に入らない場合は、酸味のある紅玉タイプのりんごの皮をむいて作ります。グリエールチーズを、小さな角切りにして加えても。

材料 2人分
スムール … 40g
A ┌ 塩 … 小さじ 1/5
　└ グレープシードオイル（またはひまわり油）… 小さじ1
熱湯 … 60ml
青りんご … 50g
レモン汁 … 少々
くるみ … 20g
レーズン … 15g
セロリ（株の中心のやわらかい茎と葉）… 40g
ロースハム（厚切り）… 20g

〈ソース〉
　マヨネーズ … 40g
　マスタード … 小さじ1
　りんご酢* … 小さじ1
　はちみつ** … 小さじ 1/2
　くるみ油 … 小さじ 1/2
牛乳 … ほんの少々

*あれば、シードルビネガーを。
**アカシアのはちみつなど、やわらかいタイプのもの。

作り方
1 **スムールの下調理** ボウルにスムールとAを入れて熱湯を注ぎ、ヘラで混ぜ、ラップをかけて5分おく。
2 ボウルにマヨネーズ、マスタード、りんご酢、はちみつ、くるみ油を入れて混ぜ、ソースを作る。
3 青りんごは皮つきのまま8mmの角切りにし、レモン汁をまぶす。くるみは粗く刻む。レーズンは大粒の場合は半分に切る。セロリの茎は筋をとってりんごより小さい角切りに、黄色くやわらかい葉は小さくちぎる。ロースハムはりんごと同じくらいの角切りにする。
4 ボウルに1と3を入れ、2の3/4量を加えてあえる。器に盛りつけ、残りの2を牛乳でなめらかにのばしてかける。

Memo 1
青りんご、セロリ、くるみ、レーズンをマヨネーズソースであえたサラダは、19世紀のニューヨークにあったウォルドルフ・ホテルで生まれたことから、「ウォルドルフ風サラダ」の名でも親しまれている。

Memo 2
ソースを多めに作り、レタス類とパルミジャーノまたはロックフォールチーズ、鶏胸肉を蒸したものを適当な大きさに切って加えて、ボリュームのある一皿にしても。

Semoule スムールで

マラケシュ風オレンジのスイートタブレ

はちみつやレモン汁の甘酸っぱさを吸い込んだスムールにドライフルーツを混ぜれば、これがあのクスクスのツブツブ？　と驚かれることでしょう。たった一粒で素晴らしい効果を発揮するカルダモンの香り。そして仕上げにふりかけるカソナード（フランス製のブラウンシュガー）が、スムールに混ざったジャリッとした食感と砂糖そのもののおいしさも楽しめます。

Epice カルダモン

インド原産のしょうが科の植物の実。カレー用のミックス粉の主材料のひとつ。インド風ミルクティー、チャイにはシナモン、クローブ、しょうがとともに使われ、中近東ではコーヒーの粉とカルダモンを煮だして飲む。また、カルダモンはオレンジと相性がよく、オレンジ風味の焼き菓子に加えると格段に風味がよくなる。

材料 2人分

- スムール … 50g
- A
  - 水 … 80ml
  - レーズン … 15g
  - カルダモン（指でつぶす）… 小1個
  - レモン汁 … 大さじ1
  - はちみつ … 大さじ1
  - オリーブオイル … 小さじ2
- カソナード（または砂糖）… 10g
- オリーブオイル … 小さじ2
- セミドライバレンシアオレンジ … 1枚
- オレンジの果肉（小房に分けて袋から取り出し、半分に切る）… 1/2個分

<トッピング>
- グラノーラ … 適量
- カソナード … 適量
- シナモン（パウダー）… 適量

作り方

1. セミドライオレンジは少量のぬるま湯に15分ほど浸してふやかし、粗く刻む。
2. **スムールの下調理**　鍋にAを入れて火にかけ、煮立ったらスムールをふり入れて火を止めて混ぜ、ふたをして5分蒸らす。
3. 熱いうちにボウルに移してほぐし、カソナードを加えて溶かし、カルダモンは取り出し、オリーブオイル、1を加える。
4. 器に盛り、オレンジの果肉を盛り、グラノーラ、カソナード、シナモンをふりかけて仕上げる。

Boisson　水だしウーロン茶とフレッシュミントのお茶

ウーロン茶を水だしにするときにミントの葉を加えると、さわやかなドリンクになる。

Boulghour ブルグルで

スムールと同じ硬質小麦からつくられるブルグルですが、見た目も、味わいも食感も、まったく別ものです。スムールとも、パスタやパンとも異なる、小麦そのものの原始からの味わいを楽しんで。

ザーツァイと豚ひき肉のホットタブレ

粗びきのブルグルを豚ひき肉、ザーツァイ、野菜と炒め合わせた、炒飯のような一品です。豚肉の代わりにチャーシューや金華ハムを使っても。食卓で好みで赤酢をふって。

Saveur
ザーツァイ、たけのこ
ザーツァイは、からしなの仲間の茎が肥大したものを天日に干してから調味料に漬けたもの。塩ぬきして、薬味や炒めものなどに用いる。たけのこと相性がよい。

材料 2人分
- 下調理したブルグル（粗びき）… 140g
  下調理は→ P.15
- 豚ひき肉（肩ロース粗びき）… 60g
- A
  - ごま油 … 小さじ1
  - しょうゆ … 小さじ1
  - 砂糖 … 小さじ1/2
- ごま油 … 小さじ1と1/2
- たけのこの水煮（小さな角切り）… 30g
- きゅうり（小さな角切り）… 40g
- ザーツァイ（粗みじん切り）… 15g
- パクチーの茎（みじん切り）… 大さじ2
- 塩、黒こしょう … 各少々
- 赤酢 … 適量

＜薬味＞
- パクチーの葉、ザーツァイ（薄切り）、長ねぎの白い部分（細切り）… 各適量
- ごま油 … 少々

作り方
1. 豚ひき肉はボウルに入れ、冷水小さじ2（分量外）を加えて箸でほぐし、Aを加えて調味する。
2. フライパンにごま油小さじ1を熱し、豚ひき肉を炒める。火が通ったら（部分的に肉が固まっていても気にせずに）別器に取り出す。その後のフライパンに残りのごま油を加えてパクチーの茎を入れて炒め、たけのこ、きゅうり、ザーツァイを加えてさっと炒め、豚ひき肉を戻して炒め合わせる。
3. 下調理したブルグルを加えて炒め、塩、黒こしょうをふって味をととのえる。
4. 器に3を盛り、薬味をごま油であえて添える。赤酢は別器で添えて好みでかける。

Memo
青椒肉絲などの中華惣菜が半端に残ったとき、ブルグルと混ぜてパクチーを加えてタブレ風に。刻んだカシューナッツやピーナッツを加えて。

Boulghour ブルグルで

ギリシャ風タブレと焼きなすのマリネ

オリーブオイルで炒め焼きしたなすは、ぶどう果汁からつくられたイタリアの調味料、ヴィンコットでマリネします。濃厚なぶどうの旨味をまとったオイリーななすには、オレガノと黒オリーブ入りのタブレや、ギリシャ最古のチーズといわれるフェタのオイル漬けがとてもよく合います。

材料 2人分

下調理したブルグル（粗びき） … 80g
下調理は→ P.15
パプリカ … 小 1/6 個分
A ┌ 黒オリーブ（4等分に切る） … 4個
  │ 玉ねぎ（みじん切り） … 大さじ1
  │ にんにく（すりおろす） … 小さじ 1/4
  │ 赤ワインビネガー … 小さじ2
  └ 塩、黒こしょう（粗びき） … 各適量
米なす … 小 1/2 個
オリーブオイル … 60ml
塩 … 適量
ヴィンコット … 大さじ1（またはバルサミコ酢小さじ2*）
オレガノ（またはタイム） … 少々
フェタチーズのオリーブオイル漬け … 適量

＊バルサミコ酢は製品によって味の濃さが違うので味をみて加減する。

作り方

1 なすは厚さ1cmの4枚に切る。フライパンにオリーブオイルを入れて中火にかけ、なすを入れてかるく焼き色がつくまで焼く。なすが吸収したオイルがしみ出てきたら、バットに並べる。フライパンに残ったオイルはそのまま残す。

2 1のなすに塩少々をふり、ヴィンコットに水小さじ1/2（分量外）を加えてのばしたものを両面にぬりつける。オレガノを散らし、ラップをかけて1時間ほどマリネする。

3 パプリカは種とわたを取り除き、小鍋でやわらかくなるまでゆでる。はがれた薄皮は引いて取り除き、1cmの角切りにする。

4 ボウルに下調理したブルグルを入れ、3とA、1のフライパンに残ったオイルを加えて混ぜる。

5 器に2を盛り、4をのせ、2を重ねて、フェタチーズを添える。

Saveur
ヴィンコット（左）、オイル漬け黒オリーブ、オレガノ

ヴィンコット（Vin cotto）は「煮たワイン」という意味で、濃縮ぶどう果汁を煮つめて木樽で熟成させた南イタリアの調味料。まろやかな濃い甘みと芳醇な香りがあり、煮込み料理に加えたり、アイスクリームにかけたりして使う。ヴィンコットはビネガーではないが、なければバルサミコ酢でも。

Memo
この料理は、中東料理で使われるざくろの濃縮シロップとオイル焼きなすにヒントを得て、ざくろのシロップを甘くて芳醇な香りのヴィンコットに代えて作った。なすを角切りにしてオイルで炒めてヴィンコットで味つけし、ブルグルやほかの素材と混ぜ合わせてタブレ風にしてもよい。また、なすを省略してタブレだけで作る場合は、オイリーななすの旨味の代わりになるアンチョビやドライトマトを加えて風味を上げる。

Boulghour *ブルグルで*

デーツとクコの実のタブレ・オリエンタル

中東ではお菓子代わりにも食されるデーツは、なつめやしの実。濃厚な甘さにしては低カロリーということで、最近注目のドライフルーツです。この甘さを生かしたオリエンタル風味のタブレに、アジアのクコの実を加えました。仔羊料理の付け合わせにおすすめです。

材料 2人分

- ブルグル（中びき）… 60g
- A
  - オリーブオイル … 小さじ1
  - 塩 … 小さじ1/3
- クコの実 … 10g
- デーツ … 30g
- B
  - フランボワーズビネガー … 大さじ1と1/3
  - オリーブオイル … 大さじ1と1/3
  - 塩 … 適量
  - クミン … 小さじ1/2
  - シナモン … 小さじ1/3
  - 黒こしょう（粗びき）… 適量
- イタリアンパセリ（粗くきざむ） … 1パック（8g）
- スペアミントの葉（粗くきざむ） … 1/4パック

作り方

1. クコの実は洗い、ぬるま湯50ml（分量外）に浸してふやかす。デーツは8mmの角切りにする。
2. **ブルグルの下調理** ブルグルは水を何度かかえて洗い、ザルにあげて水をきる。クコの実の浸し水に、水（分量外）を加えて180mlにし、Aとともに鍋に入れて火にかける。ブルグルを加え、煮立ったらふたをして13分炊き、火を止めてそのままコンロの上で5分蒸らす。
3. 熱いうちにボウルに移してデーツとクコの実を加えて混ぜ、ラップをしてそのまま冷ます。Bを加えて混ぜ、イタリアンパセリとミントの葉を加えて混ぜ合わせる。

Memo

タブレの彩りにもなっている赤いクコの実は、薬膳のスーパーフード。欧米ではゴジベリーとよばれる。このタブレは、滋養豊富なデーツ、クコの実、ハーブが三味一体となった一品。

Saveur
デーツ

ドライフルーツといっても、アプリコットのような酸味はなく、干し柿を濃厚にしたような味わい。どこか和菓子に通じる風味もある。甘味の強さとそのネッタリした食感で、少量食べて満足感を得られるからダイエットにはおすすめという人も。

Boulghour ブルグルで

揚げれんこんとざくろ風味のタブレ

中東でよく使われる調味料に、ざくろ果汁を煮つめた濃厚なシロップがあります。この料理は、その代わりにざくろの濃縮還元ジュースを煮つめ、炊いたブルグルをしばらく浸してしみ込ませて作ったタブレです。ざくろは根菜料理の味つけにもよいことから、れんこんを合わせました。

材料 2人分

下調理したブルグル（粗びき）… 140g
下調理は→ P.15
ざくろジュース（濃縮還元）… 100ml
塩 … 小さじ1/3
れんこん … 150 g
小麦粉、揚げ油、塩 … 各適量
A ［ごま油 … 小さじ2
　　グレープシードオイル … 大さじ1
イタリアンパセリ、ミント … 各適量

作り方

1 ざくろジュースは小鍋に入れて火にかけ、半量までに煮つめる。

2 下調理したブルグルがまだ熱いうちに**1**と塩を加えてざっと混ぜ、ブルグルにジュースがすっかりしみ込むまでおく。

3 れんこんは皮をむいて小さな乱切りにし、水洗いし、キッチンペーパーで水分をしっかりとる。小麦粉をまぶして中温の油で揚げ、網に上げて油をきり、塩をふる。

4 2にAを加えて混ぜ、**3**を加え、器にイタリアンパセリ、ミントとともに盛る。

Memo

このタブレには根菜が合うので、れんこんの代わりに、ささがきごぼうの素揚げや、ごぼうをキンピラ風に炒めたものを合わせてもおいしい。また、レッドキドニービーンズや紫花豆など、赤紫色の豆を加えてボリュームのあるタブレにしてもよい。

Saveur
ざくろジュース、イタリアンパセリ、ミント
ざくろはトルコから中東にかけてはおなじみの果物。果汁を煮つめたシロップの瓶詰めも売られていて、ドレッシングなど料理の調味に愛用されている。

Quinoa キヌアで

小粒ながら主張のある風味がパワーを感じさせるキヌアは、苦みや青臭さ、土っぽい風味の野菜と相性が抜群です。身体によいものは毎日食べても飽きずにおいしいもの。これを実感できるキヌアのタブレをご紹介します。

芽キャベツと緑の豆のホットタブレ

塩とこしょうだけで味つけした、とてもシンプルな野菜料理ですが、おいしく感じられるのは、キヌアを仲間に入れたから。なかなか手強い風味の芽キャベツも、個性を秘めたキヌアとは気が合うようです。緑の豆以外には、グリーンアスパラガスやブロッコリーを。

材料 2人分

- 下調理したキヌア … 130g
  下調理は→ P.15
- モロッコいんげん … 4本
- ズッキーニ … 1/3本
- 芽キャベツ … 4個
- グリーンピース（さやから出した正味） … 30g
- オリーブオイル … 大さじ1と1/2
- 塩、黒こしょう … 適量
- エストラゴン風味の白ワインビネガー（あるいは白ワインビネガー） … 適量

作り方

1. モロッコいんげんは5mmの斜め細切り。ズッキーニは皮を縞目にむき、1cmの角切りにする。芽キャベツは根元を少し切り落とし、プチナイフで葉をはがし、中心部分は縦4等分に切る。
2. 鍋に湯を沸かして塩適量（分量外）を加えてグリーンピースを入れてゆで、八割りくらいまでやわらかくなったらモロッコいんげん、芽キャベツを加えて2分ゆでてザルにあげる。
3. フライパンを中火にかけてオリーブオイル小さじ2を熱し、ズッキーニを強火で炒め、残りのオリーブオイルを加え、2と下調理したキヌアを加えて炒め合わせ、塩と黒こしょうをふって味をととのえる。好みでエストラゴン風味のビネガーをふりかける。

Condiment
エストラゴン風味の白ワインビネガー

グリーンサラダや鶏肉、サーモン、オムレツ、クリーム仕立てのソースの風味づけにとくにおすすめ。エストラゴン（仏）は日本ではタラゴン（英）の名称で流布しているハーブで、アニスに似た甘さとさわやかな風味が特徴。茎ごと酢漬けにした瓶詰めもあり、この場合は葉も、漬けたビネガーも使えて便利。

Memo 芽キャベツの葉のはがし方

根元を5mmほど切り落とし、一番外側の葉の根元にプチナイフをあて、下に向かってはがしてゆく。はがしにくい場合はまるごとさっと湯通しして冷水にとり、水の中で作業をするとはがしやすい。

Quinoa キヌアで

キャロットラペとシェーブルチーズのタブレ

にんじんを粗めのチーズおろしなどでラペする（おろす）キャロットラペ。あえてラペとよぶだけに、包丁やスライサーでしゃっきりせん切りにした場合とはまた違う、おろしにんじんならではの味がしみ込んだおいしさが魅力です。

材料 2人分
下調理したキヌア … 80g
下調理は→ P.15
にんじん … 1本（おろした正味120g）
アニスシード（またはクミンシード）
　… ふたつまみ
A ┌ 白ワインビネガー … 小さじ2
　├ レモン汁 … 小さじ1
　├ 塩 … 小さじ1/4
　├ オレンジママレード（ゼリー状の部分）
　│　… 小さじ2/3〜小さじ1
　└ オリーブオイル … 大さじ1と1/2
シェーブルチーズ … 40g

Memo 1
オリーブオイルの香りが強かったらグレープシードオイルで好みに調節して。またグレープシードオイルに、ヘーゼルナッツオイルをほんの少々加えてもキヌアには合う。

Memo 2
にんじんをおろす適当な器具がない場合は、せん切りにして調味するときに指先に軽く力を入れてにんじんをもんでしんなりさせ、冷蔵庫で1時間ほどなじませてからキヌアを加えるとよい。
シェーブルチーズを使わない場合は、レーズンと松の実を加える。しょうがの絞り汁を加えるのもよい。

作り方
1 にんじんは皮をむき、粗いチーズおろしなどでおろしてボウルに入れる。アニスシードを指先でつぶして香りを立てながら加えて混ぜ、Aを加えて混ぜる。
2 にんじんに味が染み込んだら下調理したキヌアを加えて混ぜ合わせる。
3 シェーブルチーズはほぐし、2とともに器に盛る。

Saveur
シェーブルチーズ
山羊のチーズのことで、写真はフレッシュタイプ。クロタンに代表される熟成タイプは酸味が遠のくが、フレッシュタイプは酸味が強く、ヨーグルトを固めたような味わい。オリーブオイルと相性がよく、オイルをたらして食べることも多い。フランスの代表的産地はロワール地方なので合わせるワインも、同じロワール地方のソーヴィニョンブランで。

Quinoa キヌアで

Saveur
ビーツ

生をゆでた切り口はゼリーのようにつややかで美しい。缶詰もあるが、甘味と食感が劣り、生をゆでて食べないことには、ほんとうのおいしさはわかりにくい。最近では黄色や白、ピンクと白の渦巻きなどカラフルビーツもよく見かける。

ビーツとマッシュルームのタブレ

ビーツの紫色に染まった、マッシュルームとキヌアのタブレ。甘酸っぱいフランボワーズビネガーと、ビーツの土っぽい風味に効くしょうがの絞り汁が隠し味です。フォワグラやレバーのパテ、リエットによく合うので、写真のように盛り合わせて食前のおつまみにしても。

材料 2人分

下調理したキヌア … 60g
下調理は→ P.15
ビーツ … 小1個（正味80g）
マッシュルーム … 3個（40g）
A ┌ グレープシードオイル … 大さじ2
  │ フランボワーズビネガー*
  │   … 小さじ2
  │ 塩 … 小さじ1/2
  └ しょうがの絞り汁 … 小さじ1/2
バゲット、市販のレバーパテ、リエット
　… 各適量
ベビーリーフ（ビーツの若い葉）… 適量
＊白ワインビネガーにバルサミコ酢少々を加えたもので代用できる。

作り方

1 ビーツは洗い、皮はむかずにまるのまま鍋に入れ、たっぷりの水と塩適量（分量外）を加えて中火にかけ、ふたをしてゆでる。竹串がスーッと中心に入るまで（少なくとも1時間はかかる）ゆでて火を止め、すっかり冷めるまで鍋に入れたままおく。皮をむき、1cm弱の角切りにする。

2 マッシュルームは石づきを切り落とし、土や汚れはキッチンペーパーなどで取り除き、ビーツと同じ大きさに切る。

3 ボウルにビーツ、マッシュルーム、下調理したキヌアを入れ、Aを加えて混ぜる。器に盛り、ベビーリーフ、レバーパテやリエットをのせたバゲットを添える。

Memo

マッシュルームは、新鮮でかさが閉じているものを使いたい。鮮度のよいものがなかったらビーツとキヌアだけで作る。なお、マッシュルームのかさが開きはじめて香りが強くなったものは、スープには旨味がでておいしい。

Quinoa キヌアで

カリフラワーとズッキーニのタブレ ウフ・マヨネーズ添え

鮮度のよい真っ白なカリフラワーを生のままチーズおろしでサラサラにおろすと、まるでカリフラワーのスムールのよう。いつもなら加熱する野菜の、生ならではの味と食感を楽しむ前菜向きの一皿です。アンチョビの風味と塩気、それに添え物のように見えるゆで卵も決め手なので省かずに。

材料 2人分

- 下調理したキヌア … 80g
  下調理は→ P.15
- カリフラワー（すりおろす）… 40g
- ズッキーニ … 小1/4本（20g）
- A
  - 白ワインビネガー … 小さじ2
  - 菜種油（またはオリーブオイル）… 大さじ2
  - グレープシードオイル … 大さじ1
  - 塩 … 小さじ1/3
  - にんにく（すりおろす）… ほんの少々
- アンチョビフィレ（細く切る）… 2〜3枚
- ゆで卵（6分半ゆで）… 1個
- マヨネーズ … 大さじ2

作り方

1. カリフラワーは小房に分け、チーズおろしで細かくおろす。ズッキーニは皮をむき、皮むきでパスタ状に切る。
2. ボウルにカリフラワーと下調理したキヌアを入れてAを加えて調味し、ズッキーニ（盛りつけ用を残す）を加えて混ぜる。
3. 器に2を盛り、残りのズッキーニとアンチョビを散らす。
4. ゆで卵は水にとって殻をむき、半分に切って伏せて盛りつけ、上にマヨネーズをのせる。

Saveur
カリフラワー、ズッキーニ

カリフラワーをサラサラにおろしたものは「カリフラワーのスムール」、ズッキーニを皮むきでリボン状に切ったものは「ズッキーニのパスタ」とよばれることも。どちらもあくまでも鮮度のよいものが手に入ったとき、ことにカリフラワーは真っ白なもので作りたい。

Memo 1

菜種油（またはオリーブオイル）だけでは重いので、グレープシードオイルで割って作った。菜種油の風味が軽ければ、グレープシードオイルで割る必要はない。

Memo 2

マヨネーズの作り方

ボウルに室温の卵黄1個、辛口マスタード小さじ1、塩小さじ1/2、白ワインビネガー小さじ1を入れて小さな泡立て器でもったりするまでよく混ぜる。グレープシードオイル150mlを少量ずつたらし、そのつど撹拌し、2/3量近くまで入ったところでとろみが重くなってきたら、白ワインビネガー小さじ1を加える。さらに残りのオイルを加え、最後に白ワインビネガー小さじ1を加えて混ぜる。好みや用途で白ワインビネガーを増やす。保存の目安は冷蔵庫で5日〜1週間以内。

Wa-fumi 和風味

どれも異国生まれスムールとブルグル、キヌアですが、たとえば水の代わりに昆布だしで下調理し、すし酢やゆず果汁、米油や太白ごま油で調味すると、たちまち親しみのある日本の味わいになって、楽しみが広がります。

スムールで
ちらしずし風タブレ

炊きたてのごはんにすし酢を混ぜるように、昆布だしでふやかしてから蒸した熱々のスムールにすし酢で味をつけます。おなじみのすし味が、白米とはまったく異なるサラサラした食感で味わえるのが新鮮です。箸では食べにくいので、スプーンで混ぜていただきましょう。少し食べ進んだら、オリーブオイルをたらして味わってください。すし味のスムールにオリーブの風味はたいへんよく合います。かに風味かまぼこの代わりは、スモークサーモンを。

材料 2人分

スムール … 80g
A ┌ 米油 … 大さじ1/2
　└ 塩 … 小さじ1/2
昆布だし … 120ml
すし酢 … 大さじ1と1/2
米油 … 大さじ1/2

＜具＞
酢れんこん、しいたけの含め煮、錦糸卵
　　… 各適量
かに風味かまぼこ、芽ねぎ
　　… 各適量
オリーブオイル … 適量

作り方

1. **スムールの下調理**　ボウルにスムールとAを入れ、煮立てた昆布だしを注ぎ、ヘラでひと混ぜしてラップをかけて5分間蒸らす。ラップをとってサラサラにほぐし、ザルに入れて蒸し器に入れ、強火で4分蒸す。
2. ボウルに移し、すし酢を加えて混ぜ、米油を加えて混ぜる。
3. 2に酢れんこんとしいたけの含め煮(仕上げ用に少し取りおく)を加えて混ぜる。器に盛り、錦糸卵、酢れんこん、しいたけの含め煮、かに風味かまぼこ、芽ねぎを散らす。
4. 食卓にオリーブオイルを用意する。はじめの一口はオイルをかけずに味わい、それから好みで適量たらしていただく。

Memo

昆布だしのとり方
水1リットルに対して15gの昆布を浸し、6時間おく。あるいは水と昆布を火にかけ、60度まで温度を上げ、その状態で10分間おき、昆布を取り出す。

＜具を作る場合＞　材料と作り方 (作りやすい分量)

酢れんこん

1. れんこん薄切り80gは水にさらし、水気をきる。
2. 浅鍋に米酢大さじ1、砂糖小さじ1、水大さじ2を入れて火にかけ、1のれんこんを加えて1分ほど煮て火を止め、シャキッと仕上げる。

しいたけの含め煮

1. 干ししいたけ小4個(8g)は水に浸してもどし、軸を切り落とす。
2. 鍋にだしを150ml入れて、しょうゆ小さじ2、砂糖小さじ1、煮切り酒小さじ2を加え火にかけ、15分煮て火を止め、そのまま冷ます。
3. 冷めたら薄切りにする。

錦糸卵

1. 卵1個は割りほぐし、砂糖小さじ1/2、塩少々、煮切り酒小さじ1を加えて混ぜる。
2. フライパン(または卵焼き器)に油*を薄くひき、1を流して薄焼き卵を焼く。同様にして残りも焼く。
3. 2を細く切って錦糸卵にする。

*サラダ油、米油、太白ごま油でも手元にある油でよい。

Wa-fumi 和風味

スムールで から揚げ魚の 和薬味タブレ

和の薬味野菜を使ったさっぱり味のタブレは、太白ごま油で風味をつけます。魚は揚げたてを甘酢でマリネするのもよいでしょう。薬味野菜は全部そろわずとも、あるものだけで。

材料 2人分

- スムール … 80g
- A
  - 太白ごま油 … 大さじ1/2
  - 塩 … 小さじ1/2
- 熱湯 … 120ml
- すし酢 … 大さじ1と1/2
- 太白ごま油 … 大さじ1/2
- きす (開き身) * … 3尾
- 塩、小麦粉、揚げ油 … 各適量
- 粉山椒 … 適量

*白身魚の切り身を薄くそぎ切りにしても。

＜薬味＞
- みょうが … 1個
- B
  - 米酢 … 小さじ1
  - 砂糖 … ふたつまみ
- 青じそ (せん切り) … 4枚
- 木の芽 … 少々

作り方

1. **スムールの下調理** ボウルにスムールとAを入れて熱湯を注ぎ、ヘラでひと混ぜしてラップをかけて5分蒸らす。ラップをとってサラサラにほぐし、ザルに入れて蒸し器に入れ、強火で4分蒸す。
2. ボウルに移し、すし酢を加えて混ぜ、太白ごま油を加えて混ぜる。
3. きすは縦に2つに切り分け、塩をして小麦粉をまぶし、中温の油で揚げる。
4. みょうがは縦半分に切って薄切りにし、Bを加えて軽くもみ混ぜる。
5. 2のスムールに粉山椒少々、4、青じそ、木の芽を混ぜる。器に揚げたての3とともに盛り、粉山椒をふる。

Memo 1
好みで、歯ごたえのよい大根やかぶの漬けものを添えると、箸休めになる。

Memo 2
米酢と砂糖をからめたみょうがは、焼いた魚に添えたり、和風サラダに加えたり、刺身をあえるなどと、便利なので、覚えておくと重宝する。

Saveur
(上から時計まわりに) **青芽 (芽じそ)、みょうが、青じそ、木の芽、むら芽 (芽じそ)**
薬味野菜はそれぞれに辛味があるもの、香りが強いもの、食感も楽しめるものなど特徴があるので、そのものを味わって知って組み合わせる。木の芽、むら芽、青芽は省いてもよいが、みょうがと青じそは、欠かさずに。

Wa-fumi 和風味

スムールで
えびのおぼろのせ、ゆず風味タブレ

加減のいい甘さの「えびのおぼろ」や「でんぶ」は、ゆず風味のスムールとよく合います。佃煮、漬けものなど常備しているものを添えると、どんな素材も受け入れてくれる、スムールの魅力がよくあらわれた一品になりました。味わいはすしですが、ごはんと違ってサラサラしているので、深さのある器に盛りつけてスプーンでどうぞ。

材料 2人分

- スムール … 80g
- A
  - 米油 … 大さじ1/2
  - ゆずの皮(刻む) … 小さじ1
  - 塩 … 小さじ1/2
- 昆布だし … 120ml
- すし酢 … 大さじ1
- ゆず果汁 … 小さじ2
- 米油 … 大さじ1/2
- えびのおぼろ(またはでんぶ) … 大さじ3
- しいたけの佃煮、かぶの甘酢漬け … 各適量
- 水菜、ゆずの皮(せん切り) … 各適量

作り方

1. **スムールの下調理** ボウルにスムールとAを入れ、煮立てた昆布だしを注ぎ、ヘラでひと混ぜしてラップをかけて5分蒸らす。ラップをとってサラサラにほぐし、ザルに入れて蒸し器に入れ、強火で4分蒸す。
2. ボウルに移し、すし酢、ゆず果汁を加えて混ぜ、米油を加えて混ぜる。
3. 器に盛り、えびのおぼろをのせ、しいたけの佃煮、かぶの甘酢漬け、水菜とゆずの皮を添える。

Saveur
ゆず

欧米に比べて柑橘類が豊富な日本。中でもゆずは近年の日本食ブームもあり、海外での人気が高くなっています。果汁を絞って使った残りの皮は細かく刻み、塩少々でもみ、米油かサラダ油に漬けて冷蔵保存し、サラダや料理の風味づけに。

Wa-fumi 和風味

ブルグルで
きんぴらのホットタブレとおろし大根

にんじんと大根の皮のきんぴらとブルグルを組み合わせた和風タブレです。おろした大根も残った皮もすべて使えるのがうれしい料理。大根おろしに濃い口しょうゆでは味が強すぎるので、市販のだししょうゆかポン酢しょうゆがおすすめ。

材料 2人分
下調理したブルグル（中びき）… 100g
下調理は→ P.15
にんじん（せん切り）… 50g
大根の皮（せん切り）… 30g
太白ごま油 … 大さじ1/2
A ┌ みりん … 小さじ1
  │ 砂糖 … 小さじ1/2
  └ しょうゆ … 小さじ1と1/2
大根おろし … 適量
だししょうゆ（またはポン酢しょうゆ）
  … 少々
黒七味 … 少々
クレソン … 適量

作り方
1 フライパンに太白ごま油を入れて中火にかけ、にんじんと大根の皮を炒め、水大さじ1（分量外）をふり、ふたをして3分ほど弱火で蒸し焼きにする。火が通ったらAで調味し、下調理したブルグルを加えて炒め合わせる。
2 温かいうちにを器に盛って黒七味をふり、大根おろしを添え、だししょうゆをたらし、クレソンを添える。

Memo
れんこんやごぼうを加えてもよい。メインの一品にするなら、牛肉の薄切りや鴨ロースをしょうゆとみりんで調味して焼き、盛り合わせるとよい。

Saveur
黒七味
この料理には、七味や一味と違ってごまの風味がある黒七味を使いたい。辛味のあるクレソンとも相性がよい。

Wa-fumi 和風味

ブルグルで
わかめとツナの白みそマヨソース

マヨネーズに西京みそと練りごま、練り辛子を加えた「ぬた」風のソースでいただきます。ひき割り麦ならではのツブツブが立った食感とわかめのコントラスト、そこにまろやかな甘いみそソースがからまったところがおいしさのポイントです。

Saveur
白みそ
赤みそはオリーブオイルと、白みそはバターと相性がよい。バターをなめらかに練って白みそを加えてバゲットに塗り、ピザチーズをのせてトースターで焼くと、おいしいおつまみになる。

材料 2人分
下調理したブルグル（中びき）… 50g
下調理は→ P.15
わかめ（塩蔵をもどす）… 40g
九条ねぎ … 1本
ツナ缶（ブロックタイプ）
　… 40g（小缶1個）

＜白みそマヨソース＞
　マヨネーズ … 40g
　西京みそ … 10g
　練りごま … 小さじ2/3
　練り辛子 … 小さじ2/3
　薄口しょうゆ … 小さじ1/2
　だし（または水）… 小さじ1〜＊
＊ソースの様子をみて加減する。

作り方
1 鍋に湯を沸かし、わかめをさっとゆで、冷水にとってザルに広げる。キッチンペーパーで水分を取り除き、食べやすい大きさに切る。
2 わかめをゆでたあとの鍋に九条ねぎを入れ、さっとゆでて冷水にとり、緑の葉の内側のぬめりを包丁の背でしごき出し、幅1cmくらいの輪切りにする。
3 ボウルにだし以外の白みそマヨソースの材料を入れて混ぜ合わせ、だし適量を加えてなめらかにのばして白みそマヨソースを作る。
4 下調理したブルグルに3を大さじ1混ぜて調味する。
5 器の底に1を適量盛り、4、残りのソース、ツナ、九条ねぎを交互に重ねるように入れ、トップに残りのわかめを盛る。

> **Memo**
> 九条ねぎが手に入らない場合は、ツナにはよく合う新玉ねぎをごく薄くスライスして、しばらく水にさらしてからよく水きりして使うとよい。

Wa-fumi 和風味

スムールで
ひじきと大豆のタブレ

おなじみの惣菜、ひじきと大豆の煮ものにスムールを加えたタブレです。スムールはかつおだしでふやかし、蒸してからポン酢しょうゆで味をつけます。ひじきの煮ものが半端に残ったときにもおすすめです。

材料 2人分

- スムール … 50g
- A
  - 太白ごま油 … 小さじ1
  - 塩 … 小さじ1/3
- かつおだし … 80ml
- ポン酢しょうゆ … 小さじ2
- ひじき（芽ひじき）… 5g（大さじ山1）
- にんじん … 40g
- かつおだし … 適量
- ゆで大豆（市販品）… 20g
- B
  - しょうゆ … 小さじ1
  - みりん … 小さじ1/2
  - 砂糖 … 小さじ1/2
  - かつおだし … 大さじ2
- 太白ごま油 … 小さじ1/2
- 芽ねぎ … 適量

作り方

1. ひじきは水に浸してもどし、ザルにあげて水をきる。にんじんは皮をむき、8mmの角切りにし鍋に入れ、かつおだしで煮る。
2. 浅鍋に太白ごま油を中火で熱してひじきを炒め、B、大豆を加えてふたをして弱火で10分蒸し煮する。1のにんじんを加え、鍋底に残っている汁気は火を強めて飛ばす。
3. **スムールの下調理** ボウルにスムールとAを入れて煮立てたかつおだしを注ぎ、ヘラでひと混ぜしてラップをかけて5分蒸らす。ラップをとってサラサラにほぐし、ザルに入れて蒸し器に入れ、強火で4分蒸す。
4. スムールをボウルに移し、ポン酢しょうゆを加えて混ぜ、2を加えて混ぜる。器に盛って芽ねぎをのせる。

Memo
スムールの下調理で蒸し器を使わない場合は、フワッとした食感は損なわれるが、電子レンジ500Wで1分30秒加熱しても。

Saveur
ポン酢しょうゆ

ポン酢は柑橘類の果汁のことで、オランダ語の柑橘果汁を意味する「pons ポンス」の「ス」に日本語の「酢」が重なって「ポン酢」となった。「ポン酢しょうゆ」はそのポン酢にしょうゆを加えたもの。

Wa-fumi 和風味

ブルグルと雑穀の茶漬け

すし味のスムール

キヌアごはん

和風味で〆のつぶつぶ3品

お腹に「これでおしまい」と知らせる〆のごはんやめん類。それよりも軽やかなスムール、ブルグル、キヌアは、ほんのちょっとだけほしいときの〆にぴったりです。佃煮、漬けもの、ふりかけなどを添えてどうぞ。

ブルグルと雑穀の茶漬け

材料 4人分

ブルグル（全粒中びき）… 50g
水 … 150ml
ミックス雑穀* … 大さじ1
昆布の佃煮、しいたけとれんこんの佃煮
　… 各適量

*もちきび、もちあわ、もち黒米、黒千石大豆、ひえ、はだか麦、もち赤米、アマランサスの市販品ミックス

作り方

1 ブルグルは何度か水を変えて洗い、ザルにあげて水分をしっかりきる。
2 鍋に1と雑穀を入れ、水を加えて15分炊く。火を止めて5分蒸らす。
3 器に盛って、佃煮を添え、ほうじ茶（分量外）を注ぐ。

キヌアごはん

材料 4人分

白米 … 150g（1合）
キヌア … 25g（大さじ2）
日野菜などの漬けもの … 適量

作り方

1 米はとぎ、キヌアは茶漉しなどに入れて洗う。通常の炊飯の水の量に60mlの水を加えて炊く。
2 器に盛り、日野菜などの漬けものを添える。

Memo

キヌアを炊くには相当な水分を要する。かなり小粒なので、さほど水分は必要ないであろうと、いつもの米の水加減で炊くと米もろともかたい仕上がりになってしまう。

すし味のスムール

材料 4人分

スムール …… 80g
A ┌ 米油 …… 大さじ1/2
　└ 塩 …… 小さじ1/2
昆布だし …… 120ml
すし酢 …… 大さじ1と1/2
米油 …… 大さじ1/2
ミモレット（おろす）、ゆかり、水菜
　…… 各適量

作り方

1 **スムールの下調理** ボウルにスムールとAを入れ、煮立てた昆布だしを注ぎ、ヘラでひと混ぜしてラップをかけて5分間蒸らす。ラップをとってサラサラにほぐし、ザルに入れて蒸し器に入れ、強火で4分蒸す。
2 ボウルに移し、すし酢を加えて混ぜ、米油を加える。
3 器に盛り、ミモレット、ゆかりを散らし、水菜を添える。

Saveur

〈〆のつぶつぶに合わせて〉
じゃこの山椒煮、大根の葉と揚げ玉、しょうゆ麹

大根の葉をおいしく炒めるには、刻んで塩もみしてしっかり絞り、アクをだしてから、ごま油で炒めて塩で調味するとよい。揚げ玉は、蕎麦屋や天ぷら屋で食事をした折りに分けてもらって冷凍保存しておくとよい。

Wa-fumi 和風味

キヌアとゆり根のお汁粉

ゆでて雑味を除いたキヌアとゆり根を加えたお汁粉です。さらっとした御膳汁粉とプチプチしたキヌアと、ほっくりした食感のゆり根の出合いは、和食でおもてなしのあとのデザートにも喜ばれるでしょう。バルサミコ酢を隠し味にしたり、ゆり根の代わりにセミドライのプラムや黒イチジクを加えても。

材料 2人分

キヌア … 20g
ゆり根 … 小1/6個
こしあん … 200g
湯 … 150ml 前後

作り方

1. **キヌアの下調理** キヌアは漉し器か茶漉しなどに入れて水に浸して洗い、水分をきる。鍋にキヌアと水300ml（分量外）を入れて火にかけ、煮立ったら15分ゆでてザルにあげ、湯をしっかりきる。

2. ゆり根は1片ずつはがしてバラバラにして洗い、黒い部分はプチナイフで取り除き、酢水にしばらくさらす。厚みがある大きいものは、食べやすい大きさに切る。鍋に湯を沸かして入れ、やわらかくなるまで数分ゆでてザルにあげる。

3. こしあんは、鍋に入れて湯（甘さの好みで加減する）を加え、火にかけて煮溶かし、**1**と**2**を加えて温めて器に盛る。

Memo 1
ゆり根の代わりに黒豆甘煮でも、おいしいお汁粉になります。

Memo 2
ゆでたキヌアの水分をきり、きな粉と刻んだくるみと共にくずもちにのせて黒蜜をかけると、和風味デザートに。

Saveur
ゆり根

花びら形の見た目も、上品な甘さとほくほくした食感も魅力。茶碗蒸し、ゆり根ごはん、料理屋さんで見る花びら形の飾りなど、和食のイメージが強いが、じつは乳製品と好相性。ゆり根と玉ねぎのクリームスープに炒めたくるみをトッピングしたり、チキンスープで煮たゆり根にブルーチーズ入りクリームソースをかけた料理などもおすすめ。シンプルにバターで炒めて塩、こしょうで味をととのえてもいい。

タブレに
肉や魚介をプラスしてメインディッシュに

プロヴァンス風アンチョビとドライトマトのタブレ
＋
いかのフリカッセ
(→ P.22)

いかのフリカッセ

材料 2人分

やりいか … 小1はい
A ┌ 牛乳 … 大さじ2
  │ にんにく（すりおろす）… 小さじ1/3
  └ 塩 … 小さじ1/4
オリーブオイル … 適量
オリーブ … 1個
ミニトマト（半分に切って焼く）… 1個
白こしょう、レモン汁、ルッコラ … 適量

作り方

1 やりいかは皮をむき、1cmの輪切りにする。Aをからめて冷蔵庫に1時間おき、下味をつける。
2 1のやりいかにからみついている牛乳は手で除き、キッチンペーパーで水分を取り除く。
3 フライパンにオリーブオイルを入れて中火にかけ、2を入れて強火で炒める。牛乳のタンパク質が焦げておいしそうな焼き色がついたら焼き過ぎないようにすぐに火からおろす。白こしょうをふり、レモン汁をかける。
4 「プロヴァンス風アンチョビとドライトマトのタブレ」はココット（または小鉢）に詰め、ルッコラを数枚のせて軽く押し、器に返して盛る。3とオリーブ、ルッコラ、ミニトマトを添える。

デーツとクコの実のタブレ・オリエンタル
＋
仔羊のマリネソテー
(→ P.36)

仔羊のマリネソテー

材料 2人分

仔羊肩ロース … 150g
オリーブオイル … 大さじ2
にんにく（すりおろす）… 小さじ1/4
塩 … 小さじ1/2
赤ワインビネガー … 小さじ1
A ┌ パプリカ（パウダー）… 小さじ1/2
  │ クミン（パウダー）… 小さじ1/3
  └ シナモン（パウダー）… 小さじ1/4
バター … 少々
黒こしょう … 少々
スペアミントの葉 … 適量

作り方

1 Aは混ぜ合わせ、盛りつけ用にふたつまみ残しておく。
2 ボウルにオリーブオイル、にんにく、塩、赤ワインビネガー、Aを入れて混ぜ合わせ、仔羊肉を加えて調味し、1時間ほど室温において味をなじませる。
3 フライパンにバターを入れて中火にかけ2を入れ、さっとソテーする。
4 器に「デーツとクコの実のタブレ・オリエンタル」を盛り、3を盛りつけ、フライパンの焼き汁を集めて肉にかけ、黒こしょうと残しておいたミックススパイスをふり、スペアミントの葉を添える。

タブレに肉や魚介の料理を盛り合わせると、おもてなしにもおすすめの主菜になります。
ここでは4つの例を紹介します。

芽キャベツと緑の豆のホットタブレ
＋ （→ P.40）
鶏胸肉の甘酒マリネ焼き

鶏胸肉の甘酒マリネ焼き
材料 2人分

鶏胸肉 … 1/2 枚
塩 … 小さじ1/4
甘酒 … 約 50ml
太白ごま油 … 少々

作り方
1. 鶏胸肉は皮を取り除き、塩をすり込む。ちょうど入るくらいの小さな密閉容器に入れ、甘酒をひたひたに加え、ふたをして冷蔵庫で一晩ねかせる。
2. 1の水分をキッチンペーパーでしっかり取り除く。フライパンに太白ごま油を入れて弱めの中火にかけ、焼き色をつけないように焼き、肉の表面が白くなったら弱火にして2分焼く。裏返して中火で肉の表面が白くなるまで焼き、弱火にして2分焼く（焼き時間は肉の厚みで加減を）。
3. 器に「芽キャベツと緑の豆のホットタブレ」を盛り、2をスライスして盛り合わせる。

Memo
鶏胸肉は、好みで仕上げに薄口しょうゆ少々をふってからめてもよい。焼き色をつけて香ばしく焼きたい場合は、強火で焼いて両面に手早く焼き色をつけ、ふたをしてごく弱火で2分、肉を裏返してふたを戻し、火からおろして2分余熱で仕上げる（焼き時間は肉の厚みで加減を）。

ひじきと大豆のタブレ
＋ （→ P.58）
焼き鶏

「焼き鶏」
材料 2人分

鶏もも肉 … 1/2 枚
太白ごま油 … 少々
酒 … 大さじ1
A ┌ みりん … 小さじ2
　├ 砂糖 … 小さじ1/2
　└ しょうゆ … 大さじ1

作り方
1. 鶏もも肉は筋切りをして一口大に切り、串に刺す。
2. フライパンに太白ごま油を入れて中火にかけ、1を焼き、八割ほど火が通ったら取り出す。そのフライパンに酒を入れ、ひと煮立ちさせてアルコール分をとばして煮つめる。Aを加えて煮立ったところに、鶏肉を戻してタレをからめながら焼き上げる。
3. 器に「ひじきと大豆のタブレ」を盛り、2を盛り合わせる。

Memo
お弁当にするなら焼き鶏に卵焼きや青菜のあえものも加えて、「ひじきと大豆のタブレ」に添えると見栄えも味のバランスもよい。

TSUBUTSUBU Q&A

タブレの味つけ、その基本
✤ オイルとビネガーを上手に使いこなしてバリエーションを楽しむ

Q タブレの味つけに不可欠なものは何ですか？

A スムール、ブルグル、キヌア、どの味つけにも共通して必要なのはオイルとビネガーです。

タブレに使うスムールは湯でふやかし、ブルグルやキヌアは炊くかゆでるかの下調理をしただけ。混ぜる具材もハーブや野菜など手をかけず、切って加えるだけのものが多いのです。こうしたシンプルな料理だけに、オイル、ビネガーの質と風味はタブレの決め手です。とはいえ、たまにしか使わないものをあれこれ買いそろえるわけにもいきません。そこでまず用意したいのが、オリーブオイル、白ワインビネガー。そして風味にクセがないグレープシードオイルは、レシピや好みによって、オリーブオイルに混ぜて使えるので常備されるとよいでしょう。

Q おすすめのビネガーとその使い分けを教えてください。

A 一般的にはコクのある味つけに向くのが赤ワインビネガー、素材の持ち味を引き立てるのが白ワインビネガーとされますが、原料や製造方法によって酸味や旨味は異なり、一概には言い切れません。製品それぞれの個性に合わせて、いっしょに使う油の風味や量とのバランスに注意します。あると便利なのが、赤ワインビネガーに比べて風味が優しいフランボワーズビネガー。ホワイトバルサミコ酢はもうひと味旨味をアップさせたい時、確実に効果を発揮してくれます。その他、手に入れば、りんご、レモン、マンダリン、マンゴーなどのフルーツビネガーもおすすめです。

Q ほかに、どんなオイルがあるとよいでしょう。

A 軽い苦みが心地よいひまわり油や菜種油は、生野菜中心のタブレにとくにおすすめです。風味にクセがない米油は、油っけをあまり出したくない和風味のタブレに。ココナッツオイルはピリ辛でエスニックな風味のタブレに。くるみやヘーゼルナッツなどの香ばしい木の実のオイル、焙煎タイプのごま油は、グレープシードオイルや米油のようなクセのない油にひとさじ混ぜて、油というよりも調味料のように使います。すし味のタブレにも、スムールの乾燥を防ぐためにオイルは必要です。この場合は米油や、風味が軽い太白ごま油など生搾りタイプのごま油を使います。

Q フルーツビネガーの代わりになるものはありますか？

A タブレの調味をする際に、ワインビネガーの酸味にフルーツジャムの甘味を加えるとよいでしょう。白ワインビネガーにマーマレードのゼリー状のところをひとさじ。赤ワインビネガーには、ぶどうやブルーベリーのジャムを加えます。たとえばワインビネガーを1本買ったら、その一部を別の瓶に移してフルーツビネガー風を手作りしてはいかがですか。赤ワインビネガーにクランベリーの濃縮ジュースを加えて甘酸っぱくしたり、白ワインビネガーにはちみつとレモンの皮を加えたり、アイディア次第で楽しめます。

①米油
②グレープシードオイル
③ひまわり油
④オリーブオイル
⑤ココナッツオイル

⑥ごま油（生搾りタイプ）
⑦ごま油（焙煎タイプ）
⑧菜種油
⑨ヘーゼルナッツ（はしばみ）オイル
⑩アーモンドオイル

①白ワインビネガー
②赤ワインビネガー
③ホワイトバルサミコ酢
④フランボワーズビネガー

2

つぶつぶ素材で
おいしさアップ
惣菜アラカルト

カレー味のスムール

ひよこ豆とレーズンを加えたカレー風味。レモン汁とはちみつも加えて甘酸っぱい仕上がりに。そのままカレーピラフのようにお弁当にしても。

トマト味のスムール

完熟トマトと玉ねぎのスムールです。スープで煮れば雑炊風に、ケチャップを足してオムレツで包めばオムライス風になります。

りんご入りスムール

クリームソース向きの、りんごの甘酸っぱさにマスタードの辛味を効かせた調味です。豚肉のソテーに添えたり、牛乳や生クリームを加えてリゾット風に。これにハムやチーズを散らして焼いてグラタンにしても。

バジル味のスムール

トマトソースの料理に好相性のバジル味です。レンジで温めて、おろしたパルミジャーノを適量加えるとジェノベーゼ風に。トマト、ルッコラ、サラミソーセージ、アンチョビを加えてオリーブオイルやビネガーで調味してランチサラダに。

スムールの作りおき4種

多めに作ったスムールは、冷蔵あるいは冷凍しておきましょう。カレーや煮込みにごはんの代わりに添えたり、肉や魚の料理のつけ合わせに、スープの具に、その日の気分でスパイスを加えたり、香草をたっぷり刻み入れたり……と幅広く使えて重宝します。

カレー味のスムール

材料（作りやすい分量）

スムール … 100g
玉ねぎ（小さな乱切り）… 80g
バター … 20g
カレー粉 … 小さじ1と1/2
A ┌ ひよこ豆の水煮 … 40g
　│ レーズン … 大さじ2
　│ 水 … 150ml
　│ レモン汁 … 大さじ1
　│ はちみつ … 小さじ2
　└ 塩 … 小さじ1/2

作り方

1 鍋にバターを入れて中火にかけ、玉ねぎをしっとりするまで炒め、カレー粉を加えて混ぜる。
2 Aを加えてひと煮立ちさせ、スムールをふるい入れて火を止めて混ぜ、ふたをして5分蒸らして混ぜる。

＊ドライフルーツやナッツを数種加え、好みのスパイスを追加してもよい。

トマト味のスムール

材料（作りやすい分量）

スムール … 100g
にんにく（みじん切り）＊ … 小1かけ
玉ねぎ（小さな乱切り）… 50g
完熟トマト（皮つきのまま小さな乱切り）… 120g
水 … 120ml
塩 … 小さじ1/2
オリーブオイル … 大さじ1＋小さじ2

＊にんにくは、好みで使わなくてもよい

作り方

1 鍋にオリーブオイル小さじ2、にんにくを入れて弱火にかけて香りが立つまで炒め、玉ねぎを加えて中火にし、しっとりするまで炒める。トマトを加えて水分がとぶまで炒める。
2 水と塩を加えてひと煮立ちさせ、スムールをふるい入れて火を止めて混ぜ、ふたをして5分蒸らす。オリーブオイル大さじ1を加えて混ぜる。

りんご入りスムール

材料（作りやすい分量）

スムール … 100g
玉ねぎ（小さな乱切り）… 50g
りんご＊（皮むいて小さな乱切り）… 正味60g
A ┌ 水 … 120ml
　│ 白ワインビネガー … 小さじ1
　│ 辛口マスタード … 小さじ2
　└ 塩 … 小さじ1/2
バター … 30g

＊りんごは紅玉やふじを。

作り方

1 鍋にバター1/2量を入れて中火にかけ、玉ねぎをしっとりするまで炒める。りんごを加えてかるく炒め、水大さじ2（分量外）を加えてふたをして弱火で2分ほど蒸し煮にしてりんごに火を通し、鍋底の水分は火にかけてとばす。
2 1の鍋にAを加えてひと煮たちさせ、スムールをふり入れて火を止めて混ぜ、ふたをして5分蒸らす。残りのバターを加えて全体を混ぜる。

バジル味のスムール

材料（作りやすい分量）

スムール … 100g
A ┌ バジル … 10g
　│ イタリアンパセリ … 1/2パック
　│ 松の実 … 5g
　│ にんにく（好みで）… 1/2かけ
　│ オリーブオイル … 大さじ2
　└ 塩 … 小さじ1/2
水 … 150ml

作り方

1 Aをブレンダー（またはハンディープロセッサー）にかけてバジルソースを作る。
2 小鍋に水、1小さじ2を入れて火にかけてひと煮立ちさせ、スムールをふり入れて火を止めて混ぜる。ふたをして5分蒸らし、残りのバジルソースを加えて混ぜる。

トマト味のスムール ＋ オープンオムレツ

材料 2人分

- トマト味のスムール（P.68）… 50g
- トマトケチャップ … 小さじ2
- ミニトマト（半分に切る）… 2個
- ベーコン … 2枚
- 粗びき生ソーセージ* … 2本
- 卵 … 4個
- 塩、白こしょう … 各適量
- オリーブオイル … 小さじ2
- イタリアンパセリ … 適量

＊写真はメルゲーズ。フランクフルトソーセージなどでもOK

作り方

1. フライパンでベーコンとソーセージを焼いて取り出す。
2. あとのフライパンにオリーブオイル少々（分量外）を入れて弱めの中火にかけ、ミニトマトを並べて、乾かすように焼いて取り出す。
3. トマト味のスムールは、電子レンジ500Wで2分（冷凍の場合）温め、ケチャップを加えて混ぜる。
4. 卵は割りほぐして塩、白こしょうで調味する。フライパンにオリーブオイルを入れて中火にかけ、卵液を均一に流して全体が半熟になるまで火を通し、火を止めたら、3を全体に広げて、1、2をのせ、イタリアンパセリを散らす。

トマト味のスムール ＋ うなぎの蒲焼き

材料 1人分

- トマト味のスムール（P.68）… 80g
- うなぎの蒲焼き … 50g
- バルサミコ酢 … 小さじ1
- タイム（乾燥）… ふたつまみ
- 黒こしょう（粒）… 適量
- パプリカ … 小1/8個
- 好みのハーブ* … 適宜

＊ここではオレガノ

作り方

1. パプリカは種を除いて塩ゆで（塩は分量外）し、表面の薄皮を取り除き、食べやすい大きさに切る。
2. 蒲焼きはクッキングシートを敷いたフライパンに入れ、中火にかけて温める。バルサミコ酢を表面にぬり、乾燥タイムを指先でしごきながら散らし、黒こしょうをひきながらかける。
3. トマト味のスムールは、乾燥度合いによって指先で水を何度かふりかけて湿らせ、ラップをかけて、電子レンジ500Wで2分（冷凍の場合）温める。
4. 器に3のトマト味のスムールと2を盛り合わせ、1を添え、あればハーブを散らす。

カレー味のスムール + 鶏のレモンマリネ焼き

材料 2人分

カレー味のスムール (P.68) … 100g
鶏もも肉 … 1枚
塩 … 小さじ1/3
A ┌ グレープシードオイル … 大さじ1
　│ しょうがの絞り汁 … 小さじ1
　│ にんにくのすりおろし … 小さじ1/2
　│ はちみつ（あかしあ）… 小さじ1弱
　│ カレー粉 … 小さじ1
　│ 国産レモンの薄切り … 4枚
　└ タイム … 2枝
グリーンオリーブ … 6個
バター … 少々

作り方

1. 鶏もも肉は筋切りし3〜4つに切り、塩をすり込んでバットに移し、Aを加えて30分おいて味をなじませる（レモンの薄切りは手で握って絞り、皮ごと加える）。
2. フライパンにバターを入れて中火にかけ、1の鶏もも肉を皮目から焼く。1のマリネ液をレモン、タイムごとフライパンに加え、グリーンオリーブを加える。皮が色よく焼けたら裏返し、ふたをして弱火で3分焼いて火を止める。ふたをしたまま3分、余熱で仕上げる。
3. カレー味のスムールは電子レンジ500Wで2分30秒（冷凍の場合）温めて、器に盛り、2を盛り合わせる。フライパンに残った焼き汁に水大さじ1（分量外）を加えて火にかけ、ヘラでかき混ぜながら煮つめ、鶏もも肉にまわしかける。

カレー味のスムール + ココナッツミルクスープ

材料 1人分

カレー味のスムール (P.68) … 25g
チキンコンソメ … チキンコンソメ（固形）1/2個+水250ml
A ┌ ココナッツミルク … 50ml
　│ 柑橘類のジャム … 小さじ1
　└ カレー粉 … 好みの量
カシューナッツ（粗く刻む）… 少々
バター … 少々
塩 … 少々
コリアンダー（パクチー）の葉 … 少々
ココナッツミルク … 大さじ1
クラッカー … 適宜

作り方

1. フライパンにバターを入れて中火にかけ、カシューナッツを色づくまで炒めて、塩をふる。
2. 小鍋にチキンコンソメを入れて中火にかけ、Aとカレー味のスムールを加えてひと煮立ちさせ、火を弱めて1分ほど煮て塩で味をととのえる。
3. 器に盛り、1、コリアンダーの葉を散らし、ココナッツミルクをまわしかける。好みでクラッカーを添える。

作りおきスムールでランチ

作りおいたトマト味のスムールと、缶詰めや瓶詰め、サラミ、ハーブ野菜など冷蔵庫にあるものを並べるだけで、気持ちのよいランチのテーブルがととのいます。ワインにも合うので、休日のゆったりブランチにもおすすめです。

Menu
トマト味のスムール
ハーブ野菜
ツナ缶
サラミ
オリーブ
好みのフルーツ

材料 2人分
トマト味のスムール（→ P.68） … 50g
にんにく … 少々
ベビーリーフ、ルッコラ、
イタリアンパセリ … 各適量
ツナ缶 … 小1個
サラミ、オリーブ … 各適量
オリーブオイル … 適量
レモン … 1/2個
黒こしょう（粗びき） … 適量

作り方
1 にんにくは切り口に包丁で細かな切り目を入れる。
2 器の底に1をこすりつけて香りを移し、トマト味のスムールを盛り、ベビーリーフ、ルッコラ、イタリアンパセリを添える。
3 ツナ缶、サラミ、オリーブ、オリーブオイル、レモン、黒こしょうを食卓に用意する。
4 2にツナ、サラミ、オリーブを好みでトッピングして、オリーブオイルをまわしかけ、レモンを絞り、黒こしょうをふって混ぜていただく。

Memo 1
から煎りした松の実や、ドライトマトを加えると豊かな風味になる。仕上げにレモンの表皮をおろして散らすとよい。

Memo 2
ツナの代わりにアンチョビ、サラミの代わりに生ハムを用いてもよく合う。

タブレでピクニック

味わいも食感も異なるブルグルのタブレとキヌアのタブレ、そしてあり合わせのサラダ野菜やチーズ、ドライフルーツをバスケットに詰めてピクニックへ出かけませんか。青空の下で食べるタブレはまた格別です。このメニューは持ち寄りパーティーにもおすすめ。

［ブルグルとトマトのタブレ］

材料 2人分

下調理したブルグル（中びき）… 40g
下調理は→ P.15
ミニトマト（8つに切る）… 4〜6個
ルッコラ … 適量
アンチョビのフィレ（細切り）… 1枚
ビネグレットソース … 適量

作り方

1. 容器にミニトマト、ルッコラ、下調理したブルグル、ミニトマトと重ねて盛りつけ、アンチョビを散らす。
2. 食べるときにビネグレットソースをかけて混ぜる。

［キヌアとチコリのタブレ］

材料 2人分

下調理したキヌア … 60g
下調理は→ P.15
くるみオイル … 小さじ1/2
チコリ … 小1/2個
くるみ（から煎りする）… 適量
ビネグレットソース … 適量

作り方

1. 下調理したキヌアにくるみオイルを加えて混ぜる。チコリは縦半分に切って幅5mmに切る。キヌアとチコリを合わせて容器に盛る。
2. 食べるときにくるみを加え、ビネグレットソースをかけて混ぜる。

＜ビネグレットソースを作る場合＞

材料 2人分

白ワインビネガー* … 大さじ1
塩 … 小さじ1/4
辛口マスタード … 小さじ1
グレープシードオイル … 大さじ3
オリーブオイル … 大さじ1

＊白ワインビネガー小さじ2＋シェリービネガー小さじ1でも。

作り方

1. すべての材料をよく混ぜ合わせ、容器に入れて持参する。

> *Menu*
>
> ブルグルとトマトのタブレ
> キヌアとチコリのタブレ
> ビネグレットソースを添えて
> …
> 好みのチーズ
> 好みのドライフルーツ
> 好みのサラダ野菜

Memo 1

チーズは、イタリアのチーズ、グランモンテオを添えたが、ロックフォールなどのブルーチーズでもこのメニューによく合う。

Memo 2

サラダ野菜は、ゆでたビーツとベビーリーフ。ビーツのゆで方は「ビーツとマッシュルームのタブレ」（→ P.44）を参照。

ブルグルと
ひよこ豆のフリット

トマトソース

ヨーグルトときゅうりのソース

スムールと
フロマージュブランの
ガレット

フェタチーズの
オイル漬け

つぶつぶ素材の
おつまみでアペロ

アペロとは、おつまみと食前酒（アペリティフ）でくつろいだ時間を過ごすこと。そんなときにぴったりなブルグルのフリットとスムールのガレットを紹介します。

```
            Menu

     ブルグルとひよこ豆のフリット
          トマトソース
     ヨーグルトときゅうりのソース
              …
    スムールとフロマージュブランのガレット
              …
    フェタチーズのオイル漬けとクラッカー
```

ブルグルとひよこ豆のフリット
材料 2人分

下調理したブルグル（中びき） … 50g
下調理は→ P.15

A ┬ ひよこ豆の水煮 … 100g
  ├ 食パン … 15g
  ├ 牛乳 … 大さじ1/2
  ├ 溶き卵 … 大さじ1
  ├ にんにく（すりおろし）
  │   … 小さじ1/4
  ├ コリアンダー（パクチー）
  │   （みじん切り） … 大さじ1
  ├ クミン（パウダー） … 小さじ1/3
  ├ ごま油（深煎り） … 小さじ1
  └ 塩 … 小さじ1/2
  こしょう（粗びき） … 少々

小麦粉、オリーブオイル（揚げ油）
 … 各適量
イタリアンパセリ … 適量

作り方

1 Aのひよこ豆は缶汁を充分にきる。食パンは耳を切り落として粗くほぐし、牛乳を加えてふやかす。

2 Aをすべてプロセッサーにかけてペースト状にする。ボウルに移して下調理したブルグルを加えて混ぜ、1時間ほど冷蔵庫でねかせる。

3 一口サイズに丸くまとめて小麦粉をまぶし、中温のオリーブオイルで揚げる。器に盛ってイタリアンパセリを添える。

フリット用ソース2種
材料と作り方 2人分

トマトソース

トマト小1個は湯むきして乱切りにし、小鍋にオリーブオイル小さじ1を熱して炒め、水分がとんでペースト状になるまで絶えずかき混ぜながら火を通す。チリペッパーと塩各少々で調味し、レモン汁と砂糖各少々で味をととのえる。

ヨーグルトときゅうりのソース

プレーンヨーグルト80gは1時間水きりして40gにする。きゅうり1/3本は皮をむき、粗くすりおろす。ともにボウルに入れ、クミン、レモン汁、にんにくのすりおろし、塩、はちみつ各少々を加えて味をととのえる。

＊水きりヨーグルトはコーヒーのペーパーフィルターで水きりすると簡単。

フェタチーズのオイル漬け
材料と作り方 2人分

フェタチーズは小さな角切りにして保存瓶に入れ、にんにく（縦半分に切る）、赤唐辛子（種を取り除く）、フレッシュオレガノ（あれば）を加え、オリーブオイルをひたひたに注いで漬けて保存する。食べるときクラッカーを添える。

＊チーズを食べ終えて残った油は風味がよいので、パスタの味つけに使うとよい。

スムールと
フロマージュブランのガレット
材料 2人分

スムール（できれば細びき） … 40g
フロマージュブラン … 250g
卵（卵黄と卵白に分ける） … 2個
オリーブオイル … 大さじ4
塩 … 小さじ1/2
グラニュー糖 … 大さじ1

A ┬ 玉ねぎ（薄切り） … 1/4個
  ├ ベーコン（薄切りを幅5ミリに切る）
  │   … 2枚分
  └ キャラウェイシード … 少々
バター … 少々

作り方

1 ボウルにフロマージュブラン、卵黄、オリーブオイル、塩、グラニュー糖を入れてよく混ぜ、スムールを加えて混ぜ合わせ、30分おく。

2 オーブンは180℃に予熱する。パイ皿の内側にバターを薄くぬり、小麦粉をはたく（ともに分量外）。

3 フライパンにバターを入れて弱めの中火にかけ、Aをかるく炒める。

4 卵白は泡立ててメレンゲにし、1のボウルに2度に分けて加えて混ぜる。2に入れ、縁から2cmを避けた中心部分に3を広げてのせ、180℃オーブン中段で30分焼く。

à la carte

つぶつぶ素材の料理といえば、肉や野菜を煮込んだスープとスムールを盛り合わせたクスクスですが、ブルグルやキヌアもいろいろに料理できます。それぞれの持ち味を生かした、とっておきのレシピを紹介します。

生ソーセージと野菜の煮込み クスクス風

チリペッパーやパプリカ、クミンなどの香辛料が効いた仔羊肉の生ソーセージ、メルゲーズ。トマトと野菜を煮込んだスープに加えると、その旨味のおかげで生肉を煮込むよりずっと簡単に、エキゾチックな風味の煮込みができ上がります。バターの風味でふわっと蒸し上げたスムールを添えて。

材料 2〜3人分

- スムール … 100g
- A [バター … 20g
-   [塩 … 小さじ1/2
- 熱湯 … 150ml
- メルゲーズ* … 3本 (120g)
- オリーブオイル … 大さじ1
- にんにく (みじん切り) … 小1かけ
- 玉ねぎ (粗みじん切り) … 80g
- セロリ (5mm角切り) … 30g
- B [チキンストック … 400ml
-   [完熟トマト (湯むきして小さく切る) … 200g
-   [ローリエ … 1枚
-   [タイム … 2枝
-   [クミン (パウダー) … 小さじ1
-   [コリアンダー、パプリカ (以上パウダー) … 各小さじ1/2
- にんじん (1.5cmの輪切り) … 小1本
- 大根 (大きめの拍子木切り) … 100g
- ズッキーニ (2cmの輪切り) … 小1本
- ひよこ豆のシナモン風味煮 … 適量

*そのほかの粗びき生ソーセージを使う場合はチリペッパー小さじ1/5を加え、Bのスパイス類の量を適量増やす。

作り方
1 メルゲーズは、1.5cmくらいに切る。
2 鍋にオリーブオイルとにんにくを入れて弱火にかけて炒め、香りが立ったら、玉ねぎを加えて中火にし、しっとりするまで炒め、セロリを加えて炒め合わせる。
3 鍋にBを加えて、にんじん、大根を入れてひと煮立ちさせ、アクを取り除いてふたをずらしてのせて弱火で30分煮込む。1とズッキーニを加えてさらに15分煮る。塩で味をととのえる。
4 スムールの調理　ボウルにスムールとAを入れて熱湯を注ぎ、ヘラでひと混ぜしてラップをかけて5分蒸らす。ラップをとってサラサラにほぐし、ザルに入れて蒸し器に入れ、強火で4分蒸す。
5 器に4を盛り、3とひよこ豆のシナモン風味煮を盛り合せる。

Memo
ひよこ豆のシナモン風味煮
ひよこ豆30gは水に一晩浸してもどす。小鍋に入れ、およそ4倍の水、塩小さじ1/2を加えて七割くらいまで煮る。細いシナモン1/3本、レーズン10g、「生ソーセージと野菜の煮込みクスクス風」の煮汁を50ml加え、やわらかくなるまでさらに煮込む。

à la carte

玉ねぎとチコリ、キヌアのア・ラ・クレーム

チコリ独特の苦みとキヌアとは相性がよく、これに玉ねぎとクリームの甘さをからめた一品です。カリカリパン粉を仕上げに散らせば、オーブンを使わずに、香ばしいパン粉の食感がアクセントになるグラタン風に。

材料 2人分

- キヌア … 50g
- 玉ねぎ(粗みじん切り) … 80g
- チコリ … 小1個(80g)
- バター … 15g
- 小麦粉 … 小さじ2
- チキンストック … 250ml
- ナツメグ … 少々
- 卵黄 … 小1個
- 生クリーム … 大さじ2
- グリエールチーズ(おろす) … 15g

<カリカリパン粉>
- 粗びきパン粉 … 大さじ3
- バター、油* … 各小さじ1
- 塩 … 適量

*サラダ油、グレープシードオイルなどバターの香りとぶつからない淡白な油を。

作り方

1. カリカリパン粉を作る。フライパンにバターと油を入れ、粗びきパン粉をカリカリになるまで炒めて、塩をふる。
2. チコリは黄色い葉先3cmほどは切り落とす(加熱すると黒くなるため)。縦4等分に切り、さらに幅1.5cmに切る。
3. 鍋にバターの半量を入れて弱火にかけ、玉ねぎを甘い香りが立つまで色づけないようにゆっくり炒める。残りのバター、チコリを加えて炒め、小麦粉をふり入れて炒める。
4. チキンストック、キヌアを加えて弱めの中火で20分煮てナツメグを加える。卵黄に生クリームを加えてなめらかに溶きのばして鍋に加え、混ぜながらひと煮立ちさせて火からおろす。
5. 温めた器に盛りつけ、グリエールチーズ、1を散らす。

Memo
ハムや鶏のささ身を加えてもよい。その場合は小さく切って、仕上げに加えてさっと加熱、煮込まないこと。

Saveur
チコリ、玉ねぎ
チコリはフランス語ではアンディーブ、英語ではチコリ。独得の苦みと食感が特徴で、ロックフォールチーズとよく合う。
チコリの葉先は加熱すると黒くなるので、切り落として、サラダなどに用いる。

à la carte

焼きパプリカのマリネとキヌア

つるりとした食感の甘いパプリカとプチプチキヌアの組み合わせが喜ばれます。パプリカの薄皮をむくのにはひと手間かかりますが、それさえがんばれば、あとはマリネの時間がおいしく仕上げてくれます。エストラゴン（英語ではタラゴン）が手に入らなかったら辛口ピクルスを細かく刻んで使いましょう。

材料 2人分

下調理したキヌア … 80g
下調理は→ P.15
パプリカの赤、黄、オレンジ
　　… 小各1個
A ┬ にんにく（みじん切り）… 小さじ1/2
　├ エストラゴン（みじん切り）
　│　　… 大さじ1
　├ 玉ねぎ（みじん切り）… 大さじ1
　├ オリーブオイル… 大さじ3
　├ 白ワインビネガー… 小さじ2
　└ 塩… 小さじ1/2
半熟卵（6分半ゆで）… 1個
エストラゴン … 適宜

作り方

1 パプリカは250℃に予熱したオーブンで5分ほど焼いて皮を焦がす。紙袋に入れてしばらく蒸らし、表面の薄皮をはがす。縦半分に切って種を取り除き、縦4等分に切る。

2 Aを混ぜ合わせて1を加え、半日マリネして味をなじませる。

3 2をマリネ液から取り出す。器に下調理したキヌアを盛り、マリネ液をまわしかけ、1を盛り合わせる。半熟卵を半分に切って添えて黄身に塩少々（分量外）をふる。エストラゴンを添える。

> ### Memo
> パプリカの薄皮がはがれにくい場合は流水にあてるとはがしやすくなる。しかし水にあてると風味が落ちるので、手早くすること。さらにキッチンペーパーで水分をしっかり取り除くこと。なお、オーブンを使わない場合は、パプリカをフォークで刺し、直火であぶって表皮を焦がすとよい。

à la carte

かじきのココナッツミルクカレー バニラ風味のスムール

ココナッツオイルとバニラの風味で蒸したスムールはカリビアンなカレーソースにピッタリ。インドやタイ風カレーとは違う、南の島風味のカレーです。

材料 2人分

- スムール … 80g
- A
  - 塩 … 小さじ1/3
  - ココナッツオイル … 小さじ2
  - バニラビーンズ … 1/2本
- 熱湯 … 120ml
- かじき … 200g
- B
  - カレー粉 … 小さじ1
  - オリーブオイル … 小さじ1
  - 塩 … 適量
- カリフラワー … 80g
- 万願寺唐辛子 … 40g
- さつまいも … 60g
- 完熟トマト … 200g
- C
  - オリーブ油 … 大さじ1
  - にんにく(みじん切り) … 大さじ1/2
- 玉ねぎ(みじん切り) … 100g
- コリアンダー(パクチー)の茎(みじん切り) … 大さじ1
- チキンストック … 250ml
- D
  - 塩 … 小さじ1/2
  - カレー粉 … 小さじ2
  - レモン汁 … 小さじ2
  - しょうが(すりおろす) … 小さじ1
  - タイム … 4本
- ココナッツミルク … 100g
- 青唐辛子のペースト* … 適宜
- コリアンダー(パクチー)の葉 … 適量
- レモンコンフィ … 適量

＊19ページ参照　ココナッツミルクカレーには、青唐辛子の辛味を仕上げに効かせたい。青唐辛子のペーストの代わりにはグリーンタバスコを。

作り方

1. かじきは一口大に切り、Bをまぶし、下味をつける。
2. カリフラワーは小房に分けてさっと湯通しする。万願寺唐辛子は縦半分に切り、幅1cmの斜め切りにする。さつまいもは皮をむいて厚さ1cmの半月切りにする。トマトは湯むきし、小さな乱切りにして種はざっと除く。
3. 鍋にCを入れて弱めの中火で1分炒め、玉ねぎを加えて弱火でかるく色づくまで5分ほど炒める。コリアンダーの茎を加えて炒める。
4. チキンストック、2のトマトとDを加えて15分煮る。ココナッツミルク、2のカリフラワー、万願寺唐辛子、さつまいもを加えてさらに15分煮込む。
5. かじきを加えて3分煮る。青唐辛子のペーストを好みの量加え、塩(分量外)で味をととのえる。
6. **スムールの調理** ボウルにスムールとAを入れて熱湯を注ぎ、ヘラでひと混ぜしてラップをかけて5分蒸らす。ラップをとってサラサラにほぐし、ザルに入れて蒸し器に入れ、強火で4分蒸す。バニラビーンズは取り除く。
7. 器に6を盛り、5を盛り合わせてコリアンダーの葉を添える。好みでレモンのコンフィを添える。

Saveur
レモンのコンフィ
小さなレモンの塩水漬けの瓶詰め。クスクスに添えたり、タジン料理に加えたりする。

à la carte

たらとスムールのリゾット カリッと生ハム添え

米で作るわけではないので「リゾット」というのもおかしなものですが、これはスムールを使って短時間で作ることができるリゾット風。とはいえ、たらの調理やソース作りに時間がかかるのはどうも……という方は、市販の缶詰めやレトルトのトマトスープをお使いください。その場合は、魚は省いて生ハムだけでも。

材料 2人分

- スムール … 50g
- 玉ねぎ(粗みじん切り) … 1/4個
- ホールトマト(水煮) … 120g
- チキンストック … 300ml
- まだら(切り身) … 150g
- A
  - 牛乳 … 120ml
  - 塩 … 小さじ1/2
  - にんにく(薄切り) … 5枚
  - タイム … 1枝
  - オリーブオイル … 適宜
- 生ハム … 2枚
- ピーマン … 小1個
- マッシュルーム … 大2個
- オリーブオイル … 大さじ1+小さじ2
- 塩 … 適量
- パルミジャーノ(粗くおろす) … 少々

作り方

1. まだらは皮と骨を取り除いて小鍋に入れ、Aを加える。穴を開けた紙の落としぶたをして中火にかけ、煮立ち始めたら火を弱めて4〜5分煮て火を通す。
2. 生ハムは、縦横4等分にする。ノンスティック加工のフライパンを火にかけ、全体が熱くなったら生ハムを並べ、数秒したら返して火を止める。そのまま自然にカリッと乾燥するまでおく。
3. ピーマンは縦半分に切って種を取り除き、斜め細切りにする。マッシュルームは石づきを切り落とし、半分に切って薄切りにする。フライパンにオリーブオイル小さじ2を入れて中火にかけ、ピーマンとマッシュルームを炒めて塩をふる。冷めないように温かい所に置いておく。
4. 浅鍋にオリーブオイル大さじ1を入れて中火にかけ、玉ねぎを加えて2分炒める。ホールトマトは手で小さくつぶして加え、チキンストックを加えて弱火で5分煮て、スムールを加えて4分煮る。
5. 器に、1を粗くほぐして盛り、4を盛り、3、2を盛り合わせ、パルミジャーノを散らす。

Saveur
たらは牛乳、にんにく、タイムで煮る
たらは淡泊なようでも臭みがあるので、牛乳、にんにく、タイムで煮て、旨みを引き出しながら火を通す。

Memo
スムールは米に比べて調理時間が短いので手軽にリゾット風の料理を食べたいときにおすすめ。

à la carte

あさりとブルグルのベルモット蒸し

イタリア、サルディニア島独特の粒パスタ、フレゴラの代表的な料理といえば、あさりの蒸し煮。ここではフレゴラの代わりに粗びきのブルグルを使いました。ベルモットとバター風味のあさりの煮汁がしみ込んだブルグルのおいしさは格別です。

材料 2人分

- ブルグル（全粒粗びき）… 20g
- あさり … 300g
- バター … 20g
- セロリ（みじん切り）… 30g
- 辛口ベルモット（ノワイイ・プラ）… 60ml
- 国産レモンの表皮（せん切り）… 少々
- イタリアンパセリ（粗みじん）… 適量
- 白こしょう（粒）… 適量

作り方

1. **ブルグルの下調理** 鍋に湯250ml（分量外）を沸かしてブルグルを15分ゆで、ザルにあげて水分をしっかりきる。
2. あさりは塩水（分量外）に浸して砂抜きし、殻をこすり合わせて表面のぬめりを洗い流す。
3. 浅鍋にバター半量を熱してセロリを炒め、ほぼ火が通ったら 2 を加えて強火にして鍋底を充分に熱し、ベルモットを注いでアルコール分を一気にとばす。水80ml（分量外）を加え、レモンの表皮、1 を加え、アルコール分をとばすためふたは開けたまま殻が開くまで強火にかける。
4. あさりの塩気により、煮汁がうすければ強火でさっと煮つめ、濃ければ水少々加えて調整する。仕上げに残りのバターを加え、イタリアンパセリをちらし、白こしょうをひきながらかける。

Memo 1

鍋底の使い方がおいしさの分かれ目になる。酒を加えるときに鍋底が熱々状態であること。また酒はあさりの上からではなく、熱々の鍋底に直接ジュッと音を立てながら注いでアルコール分を一気にとばしてから、あさりにからめること。浅鍋のサイズは、この分量では径20cmが最適。

Memo 2

ノワイイ・プラ（Noilly Prat）は、南仏地中海地方でつくられるフレンチベルモット。白ワインベースで、カモミール、ナツメグ、コリアンダー、ういきょう、ビターオレンジなど、20種以上のスパイスやハーブが使われている。地中海地方の魚料理のソースには最適な風味をもつ。白ワインで代用する場合は、酸味が弱いものを選んで。

à la carte

ありあわせ野菜とかぼちゃのスープ ピリ辛ブルグル

チリペッパーを効かせたブルグルを加えた、これ一品にチーズとパンでも満足なスープです。使う野菜は決め込まずに冷蔵庫に残ったものを集めて。ただ旨味のもとになる玉ねぎかポロねぎのどちらかは使いましょう。煮くずれてスープにほどよいトロミをつけるかぼちゃも省かずに。

材料 2人分

- 下調理したブルグル（中びき）… 60g
  - 下調理は→ P.15
- 塩 … 少々
- チリペッパー … 少々
- 野菜（玉ねぎ、かぼちゃなど）* … 200g
- にんにく（薄切り）… 小1かけ
- チキンストック … 600ml
- ホールトマト（水煮）… 100g
- タイム … 2枝
- パプリカ（パウダー）、クミン（パウダー）… 各小さじ1/2
- オリーブオイル … 大さじ1＋小さじ1

＊野菜は、玉ねぎ、かぼちゃ、セロリ、フェンネル、ズッキーニ、パプリカなど。

作り方

1 野菜はそれぞれ一口大に切る。

2 下調理したブルグルはオリーブオイル小さじ1で炒め、塩、チリペッパーをふる。

3 鍋にオリーブオイル大さじ1とにんにくを入れて弱火にかけ、香りが立ったら、かぼちゃ以外の野菜を加えて中火にし、しっとりしてカサが半分くらいになるまで時間をかけて炒める。チキンストックを加え、ホールトマトは手で小さくつぶして加え、かぼちゃ、タイムを加えて、ひと煮立ちさせてアクを取り除く。

4 パプリカ、クミンを加えて40分煮る（生ハムやサラミを加えるならここで）。かぼちゃが煮溶けてスープにほどよいとろみが出たら、塩少々（分量外）で味をととのえる。

5 2を電子レンジで熱々にして器に盛り、4のスープを注ぐ。

Epice
チリペッパー
赤唐辛子を粉末にしたもので、からだが熱くなるような辛さとともに香味がある。ピリ辛の代表的スパイス。ここではブルグルだけをチリペッパーで調味し、口の中でスープと出合って味わいのアクセントになるようにしている。

Memo
じゃがいもはスープ全体の風味に影響しやすく、またブルグルと同様に炭水化物なので、このレシピでは使っていない。

à la carte

スムールのプディング グレープフルーツ風味

フランスの家庭的なデザート「リ・オ・レ」は米の牛乳煮。バニラビーンズとともに甘くお粥状に煮て、カラメルソースをかけていただきます。このレシピはそのイメージで作るスムールのやわらかいプディング。グレープフルーツのワタの苦みを加えた牛乳を使って大人っぽい風味に。

材料 2人分

スムール … 30g
A ┌ バター … 10g
　├ 砂糖 … 20g
　├ 牛乳 … 180ml
　└ バニラエクストラ* … 適量
グレープフルーツの皮（ワタ）… 8g
卵黄 … 1/2個
牛乳 … 小さじ1
B ┌ グレープフルーツ果汁 … 50ml
　└ 砂糖 … 小さじ1
グレープフルーツの果肉 … 2房分

<カラメルソース>
砂糖 … 30g
水 … 大さじ1
熱湯 … 大さじ2

*バニラエクストラはバニラビーンズをアルコールに漬けて香りを出したもの。

作り方

1 グレープフルーツの皮はワタ（白い部分）をつけて厚くむき、プチナイフで表皮からワタをそぐように切り離す。

2 Aの牛乳を小鍋に入れて1を加え、手でワタをつかんで強くもんで、苦みを牛乳に移す。ワタは絞って取り出し、細く切って小鍋に入れ、Bを加えて煮る。

3 2の鍋にAのバターと砂糖、バニラエクストラを加えて中火にかけ、煮立ったらスムールをふり入れ、弱火で5分煮る。卵黄に牛乳を加えてなめらかに溶きのばし、鍋に加えて10秒ほどヘラで混ぜながら火にかけ、器に入れる。

4 小鍋にカラメルソースの材料の砂糖と水を入れて中火にかけ、カラメル色にほどよく焦げたところで熱湯を加え、鍋をゆり動かしながら10秒ほど火にかけて仕上げる。

5 3の上にグレープフルーツの果肉と2のワタを盛り、4を全体にかける。

Saveur
グレープフルーツのワタ

ワタの苦みを牛乳に移し、独特の苦みがでた牛乳で作ったカラメルプディングは大人の味。
ワタを細かく刻んで果汁と砂糖とともに煮ると、パテなどに添える甘ずっぱい薬味になる。チャツネの代わりにカレーに入れて煮込んでもいい。国産の柑橘では、皮が厚い晩柑がワタをはがしやすい。

Memo

仕上げたら冷蔵せずに室温におくこと。冷蔵庫ですっかり冷やしてしまうとおいしくいただけません。
プディング自体は5～6分もかからずにでき上がるので、簡単にするならグレープフルーツのワタの苦みを使わずに作るとよい。
カラメルソースの代わりにメープルシロップをかけ、フライパンで炒ったスライスアーモンドを散らして、バナナをトッピングしても。

Recette p8〜11の作り方

レバノン風タブレ

写真→P.8

材料 2人分
ブルグル（中びき）… 20g
A ┌ オリーブオイル … 25ml
  │ 塩 … 小さじ 1/5
  └ レモン汁 … 大さじ 1
B ┌ 紫玉ねぎ（薄切り）… 少々
  │ イタリアンパセリ（粗く刻む）… 3パック
  │ トマト（種を取り除いて8mmの角切り）… 小 1/2 個
  │ ミント（粗く刻む）… 1パック
  │ オリーブオイル … 大さじ 1
  └ レモン汁 … 小さじ 2
塩、黒こしょう（粒）… 各適量

作り方
1. ブルグルは洗って30分ほど水に浸し、ザルにあげて水をしっかりきる。ブルグルにAを加え、ラップをかけて半日、ブルグルがオイルとレモン汁を吸い込んだ状態になるまでおく。
2. ボウルにBを入れて混ぜ合わせ、塩、黒こしょうで味をととのえて器に盛る。

Memo
イタリアンパセリとミントはごく粗く刻む。粗いみじん切りにするというよりは、包丁を動かす回数をできるだけ少なく、ざく切りのような感じで切ること。みじん切りにすると葉がへたって水っぽくなる。

モロッコ風タブレ

写真→P.9

材料 2人分
スムール … 50g
A ┌ 水 … 80ml
  │ サフラン … ひとつまみ
  │ 塩 … 小さじ 1/4
  │ はちみつ（リキッドなタイプ）… 小さじ 1
  └ オリーブオイル … 小さじ 1
B ┌ 玉ねぎ（粗いみじん切り）… 10g
  │ オリーブオイル … 大さじ 2
  │ レモン汁 … 大さじ 2
  └ クミン（パウダー）… 小さじ 1/2
イタリアンパセリ（粗く刻む）… 10g
ミント（粗く刻む）… 5g
きゅうり（8mmの角切り）… 1/2 本
トマト（皮のまま1cmの角切り。種の水分も使う）… 小 1 個
オリーブオイル … 大さじ 2
レモン汁 … 大さじ 2
塩 … 適量
ミント、イタリアンパセリ、レモン（くし形切り）、… 各適量

作り方
1. スムールの下調理　小鍋にAを入れて火にかけ、煮立ったらスムールをふり入れて火を止めてひと混ぜして、ふたをして5分蒸らす。
2. ふたを開けて全体を鍋底から返してほぐし、Bを加える。
3. 冷めたらイタリアンパセリ、ミント、きゅうり、トマト、オリーブオイル、レモン汁を加え、塩で味をととのえる。ミント、イタリアンパセリ、レモンを添える。

ブルグルとにんじんのタブレ

写真→ P.10

材料 2人分
ブルグル（中びき）… 50g
A ┌ 水 … 125ml
  │ 塩 … 小さじ 1/4
  └ オリーブオイル … 小さじ1
B ┌ オリーブオイル … 大さじ1
  │ レモン果汁 … 大さじ1
  └ クミン（パウダー）… 小さじ 1/3
にんじん（皮をむいて8mmの角切り）… 1/2本（正味80g）
C ┌ オリーブオイル … 小さじ1
  │ にんにく（みじん切り）… 小さじ 1/2
  │ コリアンダー（パクチー）の根（みじん切り）… 大さじ1
  └ クミン（シード）… 小さじ 1/4
塩 … 適量
D ┌ ホワイトバルサミコ酢＊ … 小さじ1
  └ しょうが（絞り汁）… 小さじ 1/2
レーズン … 20g
松の実 … 大さじ2
コリアンダー（パクチー）の葉 … 少々
クミン（パウダー）… 適量

＊または白ワインビネガーと砂糖

作り方
1. **ブルグルの下調理** ブルグルは何度か水をかえて洗い、ザルにあげる。鍋にAを入れて火にかけ、煮立ったらブルグルを入れてふたをして弱火で15分煮て火を止め、5分蒸らす。ボウルに移してほぐし、Bを加えて混ぜる。
2. フライパンにCを入れて弱火にかけ、香りが立つまで木べらで混ぜながら炒める。にんじんを加えて1分ほど炒め、塩をふり、水大さじ1（分量外）をまわしかけ、ふたをして弱火で蒸し焼きにする。火を止め、Dを入れ、レーズン、松の実を加えてふたをして冷めるまでおく。
3. **1**に**2**の半量を加える。器に盛って残りの**2**、コリアンダーの葉をのせ、葉にオリーブオイル適量（分量外）をたらし、クミンをふる。

キヌアとグリーンレンズ豆、ほうれん草のタブレ

写真→ P.11

材料 2人分
キヌア … 40g
A ┌ 水 … 120ml
  └ 塩 … 小さじ 1/4
グリーンレンズ豆 … 20g
スライスベーコン（幅2cmに切る）… 2枚（40g）
くるみ（粗く刻む）… 20g
サラダ用ほうれん草 … 適量
＜ビネグレットソース＞
B ┌ 赤ワインビネガー … 大さじ 1/2
  │ 玉ねぎ（みじん切り）… 大さじ 1/2
  │ ディジョンマスタード … 小さじ 1/2
  └ 塩 … 少々
ピーナッツオイル＊ … 大さじ2
くるみ油＊ … 小さじ1

＊オイル2種は菜種油大さじ2と1/2でも

作り方
1. ボウルにBを入れて混ぜ、ピーナッツオイルとくるみ油を加えて混ぜ合わせ、ビネグレットソースを作る。
2. ほうれん草は葉が大きかったら適当な大きさにちぎる。キッチンペーパーに包んで冷蔵庫に入れておく。
3. キヌアは漉し器に入れて水に浸して洗う。鍋に入れてAを加えて火にかけ、煮立ったらふたをして弱火で12分煮て、火を止めて10分蒸らす。
4. レンズ豆は洗って水からおよそ15分ゆでる。やわらかくし過ぎずに、歯ごたえが少し残る程度でザルにあげて水をきる。
5. フライパンを中火にかけててベーコンを炒め、脂がにじみ出てきたらくるみを加えて炒める。
6. ボウルに**3**、**4**、**5**を入れ、**1**を加えて混ぜる。器に**2**とともに盛る。

上野万梨子 *Mariko Ueno*

東京生まれ。大学時代より料理研究家の飯田深雪氏に師事。料理家を志し、フランス料理の神髄を学ぶためにパリに留学する。1976年、ル・コルドン・ブルー・パリ校卒業。帰国後の77年、東京の実家にてフランス料理教室を開講。80年、「オムレツやスープもフランス料理です」というメッセージをこめた初めての著書『シンプルフランス料理』(文化出版局)を上梓。重厚なイメージだったフランス料理を日本の家庭に普及させた功績は大きい。基本の上にたつ自由な発想の料理と、新しい時代を開く料理家としての生き方を示して人気を博す。多くの雑誌やテレビなどの媒体で活躍するなか、91年、パリ左岸に自宅を移す。以来、今日まで日本とフランス、二つの国の食と生活文化に関わる企画・編集・発信を続ける。『WA-fumi, à la rencontre des saveurs du Japon』(Flammarion)、『小さなフランス料理の本』(NHK出版)など著書多数。夕暮れ時のキッチン。ラジオノスタルジーにチャンネルを合わせてキャンドルをともし、バゲットのシッポでアペロする時間をこよなく愛す。

http://uenomariko.com/

staff
撮影 …… 工藤雅夫
スタイリング …… Chizu
調理アシスタント …… 河又松子
装丁＆ブックデザイン …… 後藤晴彦(officeHAL)
　　　　　　　　　　　　　岩間佐和子
企画協力 …… 川崎阿久里
編集 …… 亀山和枝

食材協力
(スパイス＆ハーブ＆ MAILLE)
ヱスビー食品株式会社
http://www.sbfoods.co.jp

株式会社デドゥー
http://www.dedoux.co.jp/

ヴィンコットジャパン
http://www.vincotto.jp/

スムール、ブルグル、キヌアとたっぷりの野菜(やさい)を使(つか)った
食感(しょっかん)が楽(たの)しい惣菜(そうざい)とサラダ
プチプチサラダ、つぶつぶタブレ　NDC596

2017年5月22日　　　発　行

著　者　　上野万梨子(うえのまりこ)
発行者　　小川雄一
発行所　　株式会社 誠文堂新光社
　　　　　〒113-0033　東京都文京区本郷3-3-11
　　　　　(編集)電話 03-5805-7285
　　　　　(販売)電話 03-5800-5780
　　　　　http://www.seibundo-shinkosha.net/
印刷・製本　　大日本印刷 株式会社

Ⓒ 2017,Mariko Ueno.　Printed in Japan
検印省略　禁・無断転載
落丁・乱丁本はお取り替え致します。

本書に掲載された記事の著作権は著者に帰属します。
これらを無断で使用し、講演会、販売、商品化など営利目的で使用することを禁じます。

本書のコピー、スキャン、デジタル化等の無断複製は、著作権法上での例外を除き、禁じられています。本書を代行業者等の第三者に依頼してスキャンやデジタル化することは、たとえ個人や家庭内での利用であっても著作権法上認められません。

JCOPY ＜(社) 出版者著作権管理機構 委託出版物＞
本書を無断で複製複写(コピー)することは、著作権法上での例外を除き、禁じられています。本書をコピーされる場合は、そのつど事前に、(社)出版者著作権管理機構(電話 03-3513-6969／FAX 03-3513-6979／e-mail:info@jcopy.or.jp)の許諾を得てください。

ISBN978-4-416-51727-7